本当のあなたが輝く
オーラソーマ
カラーケア Book
~色と光のメッセージ~

さくらおかそのえ／CR&LF研究所　編著

毎日コミュニケーションズ

Recommendation —推薦のことば—

　私は、オーラソーマ®ティーチャートレーニングコースで、さくらおか そのえさんと知己を得ました。
　彼女のオーラソーマシステムに対する洞察力には、とても深いものがあると思います。入門書である本書では、オーラソーマシステムが自分自身を理解していくうえで、いかにシンプルでわかりやすいものであるかというだけでなく、オーラソーマシステムが持つ真の奥深さに触れることができるいい機会になることでしょう。このシンプルさと奥深さが見えてくるにしたがって、オーラソーマシステムへの興味は深くなり、理解もまた一層深まっていくことでしょう。
　日本の読者の皆様へ、ようやく本当にわかりやすいオーラソーマシステムの解説書をご紹介する時期がきたようです。オーラソーマに関する本は他にもたくさん入手が可能ですが、その中でも本書の持つ明晰性は際立っており、推薦することが大切だと感じました。ASIACTとオーラソーマUKの協力のもと、本書は編集されました。このことは、オーラソーマシステムの方針に本書の内容が即しているということです。この時期に本書が刊行されるということは、とても必要かつタイムリーなことです。
　私はさらに、人々は自分自身の内面を知る旅への手助けをしてくれる一冊の本を必要としている、という重要性を感じています。自己への旅へ向かい、旅を通じて各自が個人的な困難を乗り越えたとき、その先にある個人を超えた人類全体の共通の意識にたどりつくことができるでしょう。本書は、そのグローバルな意識への目覚めと個人的な目覚めを迎えている読者の心に、実にタイミングよく届くものだと思われます。
　私は、このプロジェクトに関わることができ、また、この短い推薦文を通じてこの本書をご紹介できることを非常に嬉しく思います。編集者の方々に、とくに山本（毎日コミュニケーションズ）さん、および田崎（リクパ）さんにオーラソーマシステムをしっかりと理解して支持していただいたことを感謝します。
　最後に、著者であるさくらおか そのえさんの尽力には、この上ない感謝の意を表したいと思います。

Love & Light
Mike Booth, April 2008, Tokyo
　　（ASIACT学長／オーラソーマ プロダクツ リミテッド会長）

はじめに

　オーラソーマ・カラーケアシステムは、自分で選び、本当のあなたに気づくことで、本来の調和のとれた輝いた状態へとサポートする、魂のカラーケアシステムです。この本を執筆した2008年、オーラソーマシステムの大きな変わり目にある時期に来ていますが、創始者、ヴィッキーが言っていた「あなたが選ぶ色があなたです」という基本原理は変わりません。また、ヴィッキーは「オーラソーマシステムと出会うときは、人生の岐路にあるとき」とも言っていました。この本を手にとられたあなたも、人生の道を選択するときで、そのためもっと自分を知りたいと思われているのかもしれません。オーラソーマ・カラーケアシステムは、自分自身を映す鏡となってくれます。あなたが選んだ4本のイクイリブリアムボトルはあなた自身を表しています。

　その1本1本が美しいように、あなたが選んだイクイリブリアムボトルを通して、才能や資質、本当の自分自身の美しさを見ることができます。内側に意識の光をあて、心が本当に望むことに気づくきっかけになることでしょう。本書に書かれていることは、ガイドラインに過ぎないということを心に留め、ぜひあなた自身の心の声に耳を傾けてください。心に従って行動していくほど、幸せと喜びを感じられ、自分らしく輝いていくことでしょう。扉を開いて、魂のショーウインドウを眺めてみましょう。ひとりでも多くの方が、オーラソーマ・カラーケアシステムを通して、自分自身を美しく輝かせていかれることを願っています。

さくらおか　そのえ

目次

イクイリブリアムボトル一覧 6
オーラソーマ・カラーケアシステムとは 8
色彩の言語～色が表す意味～ 10
  レッド、ピンク、コーラル 11
  オレンジ、ゴールド、イエロー 12
  オリーブグリーン、グリーン、ターコイズ 13
  ブルー、ロイヤルブルー、バイオレット 14
  マゼンタ、クリアー 15

●イクイリブリアムボトルが贈る
 あなたへのメッセージ 16

●もっとオーラソーマシステムを知りたいあなたへ 125
 チャクラとオーラ 126
 チャクラの働き 128
 イクイリブリアムボトルセット 132
 イクイリブリアムボトルの選び方いろいろ
  〈星座で選ぶ〉 136
  〈数秘で選ぶ〉 138
 イクイリブリアムボトルの使い方 139
 オーラソーマシステムの理解を深める用語集 140

B8...P26 アヌビス	B9...P27 クリスタルの洞窟	B10...P28 行って、木を抱きなさい	B11...P29 エッセネボトルI	B12...P30 新しい時代の平和	B13...P31 新しい時代の変化	B14...P32 新しい時代の叡智	B15...P33 新しい時代の奉仕
B24...P42 新たなメッセージ	B25...P43 フローレンス ナイチンゲール	B26...P44 エーテルレスキュー	B27...P45 ロビン フッド	B28...P46 メイド マリアン	B29...P47 起きて、進め	B30...P48 地上に天国をもたらす	B31...P49 泉
B40...P58 アイ アム	B41...P59 叡智のボトル	B42...P60 収穫	B43...P61 創造性	B44...P62 守護天使	B45...P63 ブレス オブ ラブ	B46...P64 放浪者	B47...P65 古い魂
B56...P74 サンジェルマン	B57...P75 パラスアテナ&アイオロス	B58...P76 オリオン&アンジェリカ	B59...P77 レディ ポルシャ	B60...P78 老子と観音	B61...P79 サナト クマラ & レディ ヴィーナス クマラ	B62...P80 マハ コハン	B63...P81 ジュワルクール&ヒラリオン
B72...P90 クラウン	B73...P91 荘子	B74...P92 勝利	B75...P93 流れとともに行く	B76...P94 信頼	B77...P95 カップ	B78...P96 クラウンレスキュー	B79...P97 ダチョウのボトル
B88...P106 翡翠の皇帝	B89...P107 エナジーレスキュー	B90...P108 ウィズダムレスキュー	B91...P109 フェミニリーダーシップ	B92...P110 グレーテル	B93...P111 ヘンゼル	B94...P112 大天使ミカエル	B95...P113 大天使ガブリエル

B104...P122 大天使カマエル　　B105...P123 大天使アズラエル　　B106...P124 大天使ラツィエル

※コンサルテーションを受けられ、実際のイクイリブリアムボトルから選ばれることをおすすめします。

ボトル全体を見渡し、気になるボトルを、4本順番に選びましょう。

	1本目	2本目	3本目	4本目

※同じボトルを2回以上選ぶことはできません。

7

オーラソーマ・カラーケアシステムとは

オーラソーマシステムは、あなたの意識に気づきをもたらし、
本来のバランスと本当のあなたの輝きをサポートする、魂のカラーケアシステムです。

あなたが選ぶ色が"あなた"です

オーラソーマ・カラーケアシステムは、上下2層に分かれた美しいカラーボトル「イクイリブリアムボトル」*を、4本選ぶことから始まります。選んだ4本はすべて自分自身を映しだす鏡。ひとつ一つのイクイリブリアムボトルに意味があり、あなたへメッセージを伝えているのです。

ほかの人のことは客観的に見えてよくわかるのに、自分自身のことは気づきにくいもの。しかし本当は、私たちは深いレベルでは、自分のことを知っています。答えは外にではなく、自分の内側にあるのです。イクイリブリアムボトルはその答えを引き出すサポートをしてくれます。

答えと選択を誰かほかの人に求めてしまうと、自分自身の人生を決める力を失ってしまいます。私たちは自分の内側に答えを見いだし、人生を自分で選択することができます。4本のイクイリブリアムボトルを自分で選ぶということは、「自分で人生を選択する力を持っている」ということ。そして「自分を知っている」ということです。「あなたが選ぶ色が"あなた"」なのです。

光のカラーケアシステム

同じような思考や行動パターンを、習慣的に繰り返していませんか？ 無意識でいることは自分自身が見えない、身動きできない暗闇の中にいるような状態です。これでは自分の姿も見えず、前に進めなくなってしまいます。

闇に光をあててみましょう。光は意識です。かすかでも光があれば、足元が見えて再び歩きだすことができるでしょう。少し光を強くすれば、その少し先のほうまで見渡せるはず。より意識的であるほど、光は強まります。あなた自身が灯台のような光を発していたなら、より遠くまで、より明るく見渡すことができるのです。

光が強くなるほど、自分自身や、置かれている状況、周囲の人々をはっきり見ることができ、明るく照らしていくことができるでしょう。そしてあなたは、真の人生を歩みはじめます。思い込みから解放されて自由になり、より意識的に、自由に自分の人生を選択し、本来の才能を開花させ、人生を歩んでいけるようになります。

オーラソーマシステムは光によるカラーケアシステムです。コンサルテーションを受けたり、イクイリブリアムボトルなどのプロダクツを使ったりすることで、スムーズに意識の光がサポートされるでしょう。

オーラソーマシステムの誕生

1983年、ヴィッキー・ウォールというイギリス人女性によってオーラソーマシステムは生みだされました。ヴィッキーはハーブの知識を持ち、足裏の治療を通して人々をサポートしていましたが、あるとき彼女の目は、ほとんど見えなくなり、引退を余儀なくされました。そのような状態で、最初のカラーボトル数本が誕生しました。ヴィッキーは、自分自身の意志によってではなく、"見えざる手"が自分の手を動かすことで、これらのカラーボトルができあがった

のだと感じていたそうです。目が見えなくなるにつれ、オーラを見る力がさらに強まり、人々のオーラやカラーボトルの色を、深い目で見ることができたのだと彼女は言っています。

このカラーボトルが、「イクイリブリアムボトル」です。現在はマイク・ブースに引き継がれて、107本が誕生しています。並べられたイクイリブリアムボトルは、選ぶ人々の魂とオーラの輝きを映し出す鏡となってくれるのです。

魂と共振するカラーケアシステム

「オーラ」とは光、内なる光を表します。「ソーマ」は身体や存在を表します。「オーラソーマ」が意味することは、私たちが「光の身体」を持つ光の存在であるということです。魂はそれぞれ色を持って転生して来ます。これが真のオーラの色です。あなたの内側にこの真のオーラが秘められています。真のオーラは大切にお腹の内側に隠されているため、見つかりにくいものです。

あなたが選ぶ4本のボトルは、あなたの真のオーラ、あるいはその時の思考や感情など、外側に表れるオーラの色と共鳴して選ばれています。選んだイクイリブリアムボトルを使用することで、感情や精神、そして魂と共振して、光をもたらすことをサポートします。本当のあなたの輝きを取り戻していくことでしょう。

色とハーブとクリスタルのエネルギーを含む

イクイリブリアムボトルの上層はオイル、下層は水溶液からなっています。上層にも下層にも、色と対応するハーブのエキスが複数種含まれ、さらに色と対応する複数のクリスタルのエネルギーが含まれています。

すべてのイクイリブリアムボトルの上層は、選ぶ人の意識を表し、下層は無意識を表します。上下のシェイクカラーは、意識と無意識の統合を表します。この2層のイクイリブリアムボトルは、色とハーブとクリスタルの3つの生き生きとしたエネルギーを持っています。

【イクイリブリアムボトルの3つのエネルギー】
①色：色はメッセージを持ちます（色彩の言語P10〜P15参照）。色を通して、自分自身が持つ才能と資質に気づくサポートをしてくれます。
②ハーブ：植物は、大地に根付くことや、成長と再生力をサポートし、必要なバランスを整えてくれます。
③クリスタル：鉱物は大地の深くに眠ることから、人々の無意識にある思い込みのパターンに気づかせてくれます。また、色とハーブのエネルギーを拡大増幅させます。

【選んだイクイリブリアムボトルの使い方】
①肌につけて使う：あなたが本来持つ才能や資質、ギフトをサポートしてくれます。（使用方法はP139）
②身体の周囲に置く：20〜30分ほど、身体の周囲に置くことで、バランスがとれていきます。
③部屋に置いて見る：部屋全体にエネルギーをチャージします。ただ置いてあるイクイリブリアムボトルを見るだけでも、バランスがとれるでしょう。

＊以下本書で「ボトル」と表記してある場合、イクイリブリアムボトルのことをさします。

色彩の言語 〜色が表す意味〜

色は、それぞれにメッセージとエネルギーを持っています。
そして色は、あなたの精神面や感情面と密接な関わりがあります。

カラーローズ
オーラソーマシステムの基本色の相関関係を示している

　オーラソーマシステム基本の3原色は、ブルー、イエロー、レッドです。この3つの色でほかのすべての色が創り出されます。原色のうちの2色を合わせた色は、第2の色となり、グリーン（ブルー＋イエロー）、オレンジ（イエロー＋レッド）、バイオレット（ブルー＋レッド）の3色です。さらに、原色と第2の色を混ぜた色は、第3の色となり、ロイヤルブルー、ターコイズ、オリーブグリーン、ゴールド、コーラル、マゼンタの6色ができます。この仕組みを図に表したのが「カラーローズ」です。カラーローズの中央は、すべての色が含まれるクリアーになります。このほかに、ピンクを足した14色が、オーラソーマシステムの基本の色です。

レッド——大地の力強さ、愛のエネルギー *Red*

レッドは大地の色。しっかり地に立ち、力強く現実を生きるエネルギーの色です。地に足がついて、心と身体が目覚めた状態を表します。またレッドは、地上に生を与えてくれた母親と関係があり、生きるための原動力を表します。赤ちゃんは、生まれてへその緒を切った時から、母親から切り離され、サバイバルが始まります。経済面での問題、生存の問題にも正しく対応できるエネルギーです。人生に対しての意欲と勇気、行動力を表します。レッドは愛と情熱の色。自分が犠牲になっても、ほかの人へ愛を与える力を持ちます。逆の意味では、地に足がついていない状態や、愛と情熱の裏返しで、怒りや欲求不満を表します。

ピンク——自己を受け入れる、無条件の愛 *Pink*

レッドに光があたるとピンクになります。レッドの愛が、無条件の愛へと昇華された色です。母性や女性性と関連して、母親との関係を表します。ピンクは子宮の色でもあり、母親が赤ちゃんに与えるような、見返りを期待しない愛を示しています。温かさと思いやり、すべてを許して受け入れる愛の色です。裏返しの意味として、無条件に自分を愛せない、ありのままの自分を受け入れられない、愛を受け取るのが最後になることも示します。ピンクは女性的な直感、また、レッドと同様の意味の、意識が目覚めた状態、地に足をつけ現実を生きることと関連しています。

コーラル——愛の知恵、愛と知恵の共同体 *Coral*

レッドの「愛」にゴールドの「知恵」が加わるとコーラル「愛の知恵」になります。コーラル（珊瑚）は、美しい環境でしか育たず、環境に敏感で傷つきやすい側面を持つことから、知恵を使って自分自身やほかの人に配慮し、周囲の環境を美しくすることを意味します。珊瑚は藻や岩と共生しながら、単体の珊瑚虫が集合体を形成して、大きな珊瑚礁へと育ちます。これは、"ひとり一人自立しながら支え合う共同体"という新しい時代感覚を表します。過去の必要のなくなった関係性や、報われない愛の深い解放とともに、自分自身と人間全体の愛に目覚めていき、新しい人間として新時代を生きることを示します。

オレンジ──自立して、真の人間関係を築く　*Orange*

オレンジは自分の足で立つ、自立と関連しています。自立したうえで、多くの人と楽しみを共有し、社交的で活発な人間関係を持つことを示します。また、過去からの多くの経験に基づいた自信と、深い洞察力、内側からの深い直感を持つことを表します。逆の意味では、自分に自信がない、自立できないと感じ、依存しやすく、人間関係が困難な状態を示します。また、過去の関係性や執着からの解放に関係しています。オレンジは、溜まった過去の深い感情や、過去のショックやトラウマを解放して、傷つきバラバラになったオーラを再び、ひとつにまとめる色です。そして、新しく人生を創り上げていく粘り強さを表しています。

ゴールド──自己価値を知り、知恵の光で内側から輝く　*Gold*

ゴールドは、イエローとオレンジの間にある色で、双方の意味があります。学んだ知識が、多くの体験を通して知恵になっていることを示します。知恵の光は真実を照らし、表面的なことにだまされずに識別ができます。その反面、自分の本質を感じることができずにいると、理由のわからない恐れや深い混乱を感じてしまいます。また、黄金は時を経ても変わらない価値を持ち続けます。身体のゴールドのエリアは、真のオーラが秘められた場所（おへその少し上、少し内側）であり、太陽のように自ら輝く、自己価値を表し、自分の知恵と本来のパワーを発揮することができます。

イエロー──太陽のような明晰性、学んだ知識　*Yellow*

イエローは太陽の色です。太陽のように自分や周囲に明るさや温かさ、パワーをもたらす色です。イエローには"自己を知る"という意味があります。自分自身が喜び、楽しめることを学び、学びを消化して理解していくことで、自分を知ります。また、知性的でユーモアがあり、明晰に物事を見てすばやく決断することができ、日常を楽しめる陽気な側面も表します。自分を知ることは、ほかの人との違いに気づくということでもあります。人を気にしてしまい自分らしく振舞えないときに、緊張や恐れを感じたり、情報が消化しきれないと混乱したり、知性的な反面、考え過ぎて心配や不安が出てくることを示します。

オリーブグリーン──ハートの苦みを甘みへ変える力 *Olive Green*

オリーブグリーンは、グリーンの「道」にイエローの「太陽の光」があたり、進む道が光で明るく照らされた色です。自分や周囲の人々に希望の光をもたらします。イエローのパワーと知性、グリーンの心と感性の両方を兼ね備え、女性的なリーダーシップで道を進みます。オリーブの木は過酷な環境の中で成長します。そのため、その実は苦く、加工することで、栄養価が高く、甘みを持った味わいへと変わるのです。オリーブグリーンは、過酷な環境で生き抜く知恵を表し、過去に受けたハートの恐れ"苦み"を解毒して、ハートの喜び"甘み"へと変える「変容のプロセス」を意味します。ハートはしなやかに強くなっていきます。

グリーン──虹の真ん中の色、自然のバランス *Green*

グリーンは自然や森林の色。木々の成長と再生力を表します。虹の真ん中の色で、調和や"内なるバランス"を示します。自然な境界線を持ち、自分の時間と空間の中でリラックスして自然体でいられ、どのような状況の時でも、真の自分を取り戻すことができます。より広く全体的に物事を見て、ハートから真の方向性を決断することを表します。ブルーの「天の意志」をイエローの「個人の意志」が受け入れひとつになると、グリーンの「真実の道」が見えてきて進むことができます。逆の意味では、忙しすぎてバランスを崩したり、周囲に振り回されたり、方向性に迷い決断できなくなることを示します。

ターコイズ──自由な感情表現を、クリエイティブに発揮 *Turquoise*

ターコイズは、グリーン（ハート）とブルー（コミュニケーション）の間の色です。ハートからコミュニケーションしていき、感情を自分らしく表現していくことを表します。ターコイズは海の色で、言語を超え、自由な遊び心と創造性を表します。大勢の人々へのコミュニケーションや、絵画や音楽、ダンス、デザイン、料理などの言葉を超えた創造的・芸術的表現の才能を表します。また、コンピュータやマスメディアによる表現とも関係があります。自分の人生を自由に選択し、自分でその責任をとれる力を持ち、個性を生かして発揮することで社会全体に役立てるという、新しい時代性（水瓶座の時代）を示しています。

ブルー ―― 平和と信頼、コミュニケーション　*Blue*

ブルーは空の色、天の色で、天の意志を表します。空のブルーは父性を示し、天から守られているという平和、安らぎ、信頼を意味します。信頼を持ってブループリントを受け取り、表現していきます。コミュニケーションの才能を持ち、青空のようにスッキリした思考を伝えることができ、内側が平和であれば権威に萎縮することはありません。もうひとつの側面は、海のブルーです。海は、生きものを生み育むという母性も表し、滋養と養育をもたらす色です。ブルーには父性と母性の両方の意味が含まれています。ブルーは、権威に関する問題や悲しみも表しますが、バランスがとれると平和な心へ戻っていきます。

ロイヤルブルー ―― 深く見て聞き、感じ取る　*Royal Blue*

ブルーが深まると、夜空と深い海の色、ロイヤルブルーになります。夜になると星が見えてくるように、そこにあって見えなかったものを、深く見て深く聞き、感じ取る力を表す色です。高い感受性と高いコミュニケーション能力を持ち、感覚器官が冴えて第六感がはたらき、インスピレーションを受け取りやすくなります。人間や地球との関係を含め、宇宙や、より高次元との関係など、あらゆる関連性に目覚めることを意味します。逆の意味では、過度に敏感なため、社会とのつながりが持てず、引きこもり孤立した状態で、バーチャルな世界をさまよいます。社会や組織との問題などの、深い権威の問題も表します。

バイオレット ―― もっとも波動の高い、虹の最後の色　*Violet*

虹の最後の色、バイオレットはもっとも高く細やかな波動を持ち、過度な思考や精神を鎮静して癒しをもたらす色です。神聖な儀式や宗教でも使われてきた色で、霊性の高さや高貴さも表します。この高い波動は、人生の目的や使命を実践し、奉仕することを意味します。バイオレットはレッドとブルーの2つの色を含み、天と地、男性性と女性性、思考と直感、陰と陽の二極の統合を表します。逆の意味では、現実逃避や落ち込み、深い悲しみなども表しますが、ネガティブな自分の闇の側面をはっきり見て受け止め、ポジティブな高い質へと変容して、自己を統合していくことを表します。

マゼンタ——多くの可能性を持つ、すべての色を含む色 *Magenta*

虹の中には見えない色マゼンタは、レッドとバイオレットという、もっとも低い波動ともっとも高い波動の間にあるパワフルな色です。虹のすべての色を含んでいるので、たくさんの経験を経て、多くの才能と可能性を持つことを表します。また、天から注がれる大きな愛と同じように、日常の小さな物事に愛情を注いでいくことで、天の愛に気づいていくことを示します。マゼンタは、細かいところによく気がつき、思いやりと配慮を実践する、日本人の色でもあり、日常の中に美を見いだすという美意識があることも示します。人々を助ける人をケアする色でもあり、自分自身を大切にしてケアするというメッセージも持ちます。

クリアー——光そのもので、すべてを照らし出し浄化する *Clear*

虹の7色が均等に混ざるとクリアーな光になります。クリアーは光そのもので、すべてを照らし出します。純粋性、浄化と純化を表し、流されずに溜まった涙と、涙を流し浄化されることを意味します。虹のすべての色を含み反射するクリアーは、多くの経験で磨き上げられた鏡のように、周囲を照らし出します。その反面、ほかの人のことはよくわかるのに、自分の色が見えない側面を持ちます。光を強くあてて自分をはっきり見ようとしています。真珠貝は砂を取り込んで真珠を磨き、輝かせますが、それにともなう貝の苦しみも意味します。苦しみの経験を通して背後にある原因に気づき、理解を得ていくことを表します。

＊ブループリント：誕生前に決めてきた人生の計画、青写真。
＊色彩の言語は、オーラソーマレベル1、レベル2のテキストを参照しています。

イクイリブリアムボトルが贈る
あなたへのメッセージ

[イクイリブリアムボトルの選び方]

あなたが選んだ4本のボトルは、本当のあなたを語ります。
まず、P6〜7の107本のボトル一覧写真全体を眺めましょう。
考え過ぎず、直感に従って、心が引きつけられ、気になるボトルを
1本ずつ、計4本を選んでいきます。
選んだ順番に、4本のボトルナンバーをメモしておいてください。
同じボトルを2回以上選ぶことはできません。

[イクイリブリアムボトルの4本の意味]

すべてのイクイリブリアムボトルの下層は無意識の深いレベルを、
上層は意識レベルを表しています。

●**1本目…人生の目的、使命を表します。**
何度選んでも同じである場合、ソウルボトルの可能性があります。
ソウルボトルは、今生での真の目的と使命を表し、下層の色がソウ
ルカラー（魂の色）となります。

●**2本目…タレント&ギフトを表します。**
1本目の人生の目的に対して、今まで困難と感じていたこと、チャ
レンジしてきたことを表しています。そのことから学び、克服する
ことで、本来のあなたらしさや才能を引き出していけます。もっと
も必要なギフト（贈り物）を受け取りましょう。

●**3本目…今のあなたを表します。**
1本目、2本目で示されたことに関連して、今どのような状態にある
かを表します。

●**4本目…引き寄せる未来のエネルギーです。**
1〜3本目で示されたことから、あなたが今後どのような方向へと進
んでいきたいのかを示しています。

[本書の見方]

ボトル番号
B0から始まる通し番号で、B106まであります(2008年6月現在)。この番号は、数秘学とも関係し、バースボトルやイヤーボトルを選ぶためにも使われます。

ボトルの名前*1
ボトルにはすべて名前があります。オーラソーマシステムでは、ボトルの名前もシステムの一部であり、名前自体がエネルギーを持っています。

Spiritual Rescue
スピリチュアルレスキュー

B0

感覚を研ぎ澄まし、隠された才能と出会う

[選んだあなた] スピリチュアルと日常のグッドバランス
物事を深く見て真理を探求しますが、現実から離れないでいるので心のバランスがとれています。自己の精神と感情のネガティブな側面を見て統合していくことができます。また、ボトルナンバーの「0」は、数秘では、完全性、終わりと始まり、すべての源を表しています。

[下層] 潜在意識に秘められた豊かな可能性
ディープマゼンタ：すべての色を含むもので、多くの可能性と才能が潜在意識に秘められています。その才能は、日常で十分活用でき、周囲のすべてのものに細やかな愛を注ぎ、気配りをすることができます。

[上層] 深く見て、聞いて、探求する
ロイヤルブルー：インスピレーションを敏感に感じ取れ、高いコミュニケーション能力があります。物事の後ろに隠れていることを注意深く見て、聞いて、感じ取ることができ、その中にある本当の意味を探していきましょう。

[シェイク] 神秘からの情報を日常生活に生かす力
ディープマゼンタ：宇宙や、目に見えない神秘に満ちた世界とつながり、潜在意識に隠された自分自身の可能性を引き出します。人生で自分のすべきことを見つけ、それを実践することができます。万物にあふれる愛に気づく日常を送ることができるでしょう。

ロイヤルブルー／ディープマゼンタ
シェイクカラー：ディープマゼンタ
使用部位：髪の生え際全体、耳の周り、全身
・レスキューセット
① 生きることの感覚に明晰性をもたらし助ける。クリエイティブなプロセスに役割を見出す可能性。
④ 私は、人生を愛します。そして人生は私を愛します。

このボトルを選んだあなたへのメッセージ
私たちはそれぞれ才能という人生に必要な贈り物を持たされ、天から祝福されて送り出されてきました。人生の旅の中で迷ったとき、その贈り物のことを思い出しましょう。頭の中の雑音を静かにして、深く見て、感じ取っていくと、あなたの中に、授けられた資質と才能が隠れていたことに気づきます。たくさんの才能が、人生の中で生かされることを待ち望んでいます。その贈り物をひとつひとつ日常で使ってみましょう。

ボトルの解説と意味
選んだボトルはあなた自身です。ボトルの意味するところを読み解くと、あなたの内面が見えてきます。

下層は無意識の、上層は意識のレベルを表し、それぞれの色に意味があります。また、シェイクカラーは、上下の意味が統合されたことを示します。

ボトルを選ぶ順番にも意味があり、このボトルを何本目に手にしたのかも重要です。そして、示されたメッセージを総合的に判断するのはあなたです。

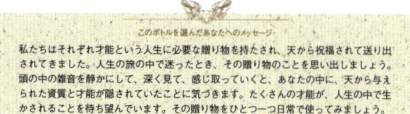

イクイリブリアムボトル
上はエッセンシャルオイル(油分)、下は水分のため、上下2層に分かれています。

ボトルの情報
各ボトルの色や、身体につけて使う際のおすすめの箇所、ボトルセット(P132)、対応する星座の情報*2(P136)のほか、ボトルごとに定められた「テーマ」(Tで表記*3)と、「アファメーション」(Aで表記*4)を掲載しています。

このボトルを選んだあなたへのメッセージ
ボトルの意味から、さらに深いあなたへのメッセージが示されています。それは、あなたにとって新しい世界かもしれません。言葉を心に響かせて、気づきの扉を開いて下さい。

*1…「新ネーミング オブ ザ ボトル」より
*2…「オーラソーマ レベル2テキスト」より
*3…「ASIACT キーノート」より
*4…「ASIACT ボトルアファメーション 改訂版」より

Spiritual Rescue

スピリチュアルレスキュー

B0

ロイヤルブルー／ディープマゼンタ

シェイクカラー：ディープマゼンタ

使用部位：髪の生え際全体、耳の周り、全身

レスキューセット

Ⓣ 生きることの感覚に明晰性をもたらす助け。クリエイティブなプロセスに役割を見いだす可能性。

Ⓐ 私は、人生を愛します。そして人生は私を愛します。

感覚を研ぎ澄まし、隠された才能と出会う

[選んだあなた] スピリチュアルと日常のグッドバランス
物事を深く見て真理を探求しますが、現実から離れずにいるので心のバランスがとれています。自己の精神と感情のネガティブな側面を見て統合していくことができます。また、ボトルナンバーの「0」は、数秘では、完全性、終わりと始まり、すべての源を表しています。

[下層] 潜在意識に秘められた豊かな可能性
ディープマゼンタ：すべての色を含むので、多くの可能性と才能が潜在意識に秘められています。その才能は、日常で十分活用でき、周囲のすべてのものに細やかな愛を注ぎ、気配りをすることができます。

[上層] 深く見て、聞いて、探求する
ロイヤルブルー：感覚器官が明晰で、インスピレーションを敏感に感じ取れ、高いコミュニケーション能力があります。物事の後ろに隠れていることを注意深く見て、聞いて、感じ取ることができ、その中にある本当の意味を探求していくでしょう。スピリチュアルなことを理解できます。

[シェイク] 神秘からの情報を日常生活に生かす力
ディープマゼンタ：宇宙や、目に見えない神秘に満ちた世界とつながり、潜在意識に隠された自分自身の可能性を引き出します。人生で自分のすべきことを見つけ、それを実践することができます。万物にあふれる愛に気づく日常を送ることができるでしょう。

・このボトルを選んだあなたへのメッセージ・

私たちはそれぞれ才能という人生に必要な贈り物を持たされ、天から祝福されて送り出されてきました。人生の旅の中で迷ったとき、その贈り物のことを思い出しましょう。頭の中の雑音を静かにして、深く見て、感じ取っていくと、あなたの中に、天から与えられた資質と才能が隠されていたことに気づきます。たくさんの才能が、人生の中で生かされることを待ち望んでいます。その贈り物をひとつ一つ日常で使ってみましょう。

Physical Rescue

フィジカルレスキュー

B1

現実と神秘を統合する意識、創造力の実践

[選んだあなた] 日常の中から神秘への理解を持つ
平和な心で愛と配慮を持って、人の話をよく聞き、対話できます。実現化を妨げる思い込みのパターンを深く見て、それを手放すことができます。神秘的なことと日常的なことの関係をよく理解し、身の回りへ思いやりを示します。ボトルナンバーの「1」は数秘で、統合と統一、始まりの数。創始者の資質を示しています。

[下層] 秘めた可能性と才能を活用する力
ディープマゼンタ：すべての色を含むので、過去から学んだ多くの経験と可能性、才能を持っており、その才能を十分に活用して、日常で使うことができます。日常の中に細やかな愛、気配り、配慮を発揮していくことで、天からの大きな愛に気づいていくことができます。

[上層] 内面とのコミュニケーション力
ブルー：穏やかで平和な心を持ち、自分を信頼して、自分自身の内面とのコミュニケーションがとれています。また、人生の目的や、ブループリントを理解できます。可能性を自ら引き出し、創造性を発揮します。

[シェイク] 現実性と神秘性を統合する力
ディープマゼンタ：日常的な現実と、その背後に隠された意味への深い理解があり、バランスがとれています。豊かな創造性を日常に生かし、身の回りのものへ思いやりと配慮を示し、天からの大きな愛を具体的に実践していきます。自分自身をいたわり、ケアすることができます。

ブルー／ディープマゼンタ

シェイクカラー：ディープマゼンタ

使用部位：髪の生え際全体、首、喉

チャクラセット（第6チャクラ）／レスキューセット

Ⓣ 私達の中にあるものとの平和的なコミュニケーション。役に立つコミュニケーション。

Ⓐ 私は、すべてです。私は私という存在にすべてを統合します。

このボトルを選んだあなたへのメッセージ

あなたはどんなことに感情的な反応をして、どのような考えをしていますか？ 思考や感情は同様の現実を引き寄せます。現実で起きることすべてに、隠された原因があります。結果として起こる現実だけでなく、その背後にあるものも見ていきましょう。健全な思考と感情は、健康な身体と健全な現実を引き寄せます。あなたが無限の才能があると深いレベルで信じていたら、それを引き出すような行動をして、現実に才能を発揮する人生を創り上げていくでしょう。

＊ブループリント：誕生前に決めてきた人生の計画、青写真。

Peace Bottle

ピースボトル

B2

内なる男性性・女性性からの豊かな恵み

[選んだあなた] 周囲に信頼と平和をもたらす
穏やかで豊かなコミュニケーションの才能があります。自分を信頼しているので、困難な状況でも乗り越えられます。自分や周囲の人の悲しみや寂しさをやわらげ、心の平和をもたらします。また、ボトルナンバーの「2」は数秘において、女性性と男性性のバランスを表します。

[下層・上層・シェイク] 男性性の表現力と女性性の滋養
すべてブルー：無意識でも意識の上でも、平和を愛し、自分を信頼していて、穏やかさを持ち、周囲にも信頼感とやすらぎを与えます。自分の内面が平和で、信頼があると、雑念のない平穏な状態が保たれ、自分自身と対話でき、天とつながり与えられた使命であるブループリントを表現していくことができます。

＊

男女とも、すべての人には女性性と男性性が内包されています。あなたは、自分の中の男性性、女性性のモデルとして、父親や母親から多くの影響を受け、学んでいます。そのため、男性性に代表される、上下関係などの権威の問題を克服し、正しいコミュニケーションができます。また、誠実さと責任感があります。

＊

さらに、母のように自分自身を慈悲深く見守り育てられ、ほかの人も滋養を育むことができる、大きな器を持ちます。そして、自分の内面にある男性性と女性性のバランスを保ち、人生を豊かに創造していきます。悲しみを克服して平和な心を取り戻していきます。

ブルー／ブルー

シェイクカラー：ブルー

使用部位：首、喉、下あご、額

チャクラセット（第5チャクラ）

Ⓣ 私達からというよりはむしろ私達を通してやってくる平和的なコミュニケーション。自然な権威。

Ⓐ 私は、呼吸とともに平和を吸い込み、そして平和を吐き出していきます。

・このボトルを選んだあなたへのメッセージ・

空のブルーは父親が家族を守るような、男性性を表します。天から守られているという平和があるほど、人生のブループリントを受け取り、権威に畏縮することなく、自由に表現していくことができます。さらにブルーは母なる海のブルーでもあり、生命を生み出し、育む、命の源の女性性をも表します。海のように自分自身を慈しみ、育むことができるでしょう。父なる天と母なる地球に守られ育まれているという平和と信頼は、すべての創造のベースになります。

＊ブループリント：誕生前に決めてきた人生の計画、青写真

The Atlantean /
The Heart Bottle
アトランティアン／ハートボトル

B3

自然を愛し、バランスのとれた自由な心

[選んだあなた] ハートからの豊かな感情表現
内なるバランスがとれていて、感情を創造的に表現できます。自然や海、動物を愛し、自然に触れることに喜びを感じます。海に沈んだ古代文明、アトランティスとの関連性を持ちます。また、ボトルナンバーの「3」は、数秘で新たなものを生み出す創造性の数です。

[下層] 自然体でいられるゆとりの心
グリーン：魂の深いところで自然を愛し、大地やクリスタル、自然とのつながりを持ちます。自分の時間と空間を大切にし、感受性が豊かです。自然な境界線を持ち、周囲に振り回されることなく安定し、心の内なる調和がとれています。そのため真の道を選択することができます。

[上層] 心の平和とコミュニケーション
ブルー：平和と自己への信頼を持って、下層（無意識）に示された心の真実を、人生の中で表現していきます。また、豊かな創造性とコミュニケーションの才能を持ち、自分自身の人生をクリエイトしていきます。

[シェイク] 心からの自由で創造的な表現
ターコイズ：自由に率直に感情を表現できます。クリエイティブな人で、自分の個性を芸術的表現などで豊かに発揮できます。たくさんの人と心からのコミュニケーションを持ちたいと願っています。メディアやコンピュータを使って表現していく才能がある場合もあります。

ブルー／グリーン

シェイクカラー：ターコイズ

使用部位：胸部、鎖骨から肋骨の一番下まで（背中側まで帯状に）

チャクラセット(第4チャクラ)／レスキューセット

星座：魚座／牡牛座

Ⓣ 特に大地、大地のグリッドと地磁気構造に関係した創造的なコミュニケーション。

Ⓐ 私は、ハートから誠実に表現します。

このボトルを選んだあなたへのメッセージ

道に迷ったとき、岐路の前で立ち止まったとき、ひとつ一つの道をハートで感じてみましょう。苦しくてちっとも楽しくないと感じるとき、道から反れてしまっていますよとハートが教えています。楽しい、幸せと感じるとき、ハートがそれは真実の道ですよと伝えています。ハートからの応答は、進む道の方向性を知らせてくれます。自分の心を信頼してそれに従うほど、ハートの器は広がり、豊かに人生をクリエイトしていくことができるでしょう。

＊アトランティス：有史前に存在したとされる古代文明。科学技術に優れ、クリスタルのパワーを使って栄えましたが、その後海に沈んだと伝えられています。

B4

Sunlight Bottle
サンライトボトル

自己価値を認め、知性とユーモアで周りを照らす

[選んだあなた] 太陽のような明るさと温かさ
知性とユーモアにあふれた、太陽のようなパワーと明るさを持ちます。人生で学ぶべきことをよく吸収し、知恵と明晰さを発揮します。また、ボトルナンバーの「4」は数秘で、基盤をかため、安定性を保つ数。物事の管理、調整や組織を構築する知恵を示します。

[下層] 経験からの知恵で輝く
ゴールド：魂の深いところで過去の経験による知恵を持ち、識別力があります。自分を知るほど、深い歓びを感じることができます。自己価値とつながり、自分自身を輝かせたいと願っています。恐れず自分のパワーを正しく使えます。

[上層] 自分を知るために学びを楽しむ
イエロー：太陽のように陽気さ、明るさと温かさを持って自ら輝き、周囲の人を照らします。知性とユーモアがあり、人生を楽しむことができます。自分を知りたいと願い、情報収集や学ぶことが大好きです。明晰に物事を見ることができ、理解力と決断力があります。

[シェイク] 学び、教える力
イエローゴールド：考え過ぎや自意識による不安・緊張・恐れを克服して喜びに、混乱を明晰に変えていけます。人生で多くのことを学んで、自分をよく知り、個性を生かして他者に教えることができます。周囲の目を気にせず、物事に動じず、安定しています。

イエロー／ゴールド

シェイクカラー：イエローゴールド

使用部位：みぞおちの周囲（背中側まで帯状に）

チャクラセット（第3チャクラ）／レスキューセット

星座：牡羊座

Ⓣ 知識：外から得ることができるもの。
知恵：すでに私たちが持っているもの。

Ⓐ 私は、安全で幸せです。私は自分が何も知らないことを知っています。

・このボトルを選んだあなたへのメッセージ・

ほかの人と比べて、「外見が違う、考え方が違う」と恐れていませんか。自分を知る旅の途中、違いへの恐れが争いを引き起こします。誰でもない自分、ひとり一人が違っていいのです。楽しい、幸せと感じることこそが、あなたが求めていたことです。それを体験していくほど、知識が知恵へと深まり、パワーになります。あなたの身体の中心の太陽神経叢と呼ばれる場所には、太陽の知恵と温かさ、パワーの源があります。あなたの内側にある太陽を輝かせていきましょう。

＊太陽神経叢…第3チャクラ、みぞおちのあたり。神経系が集中しているところで、パワーの源。

Sunrise/ Sunset Bottle
サンライズ／サンセットボトル

情熱とエネルギーに満ちた知的行動力

B5

[選んだあなた] あふれる知恵とエネルギー
情熱的で、現実を生きる知恵とエネルギーを持っています。教える才能やリーダーの資質があります。また、ボトルナンバーの「5」は数秘で、自由で自発的な行動力を持ち、枠組みを変えて再編成する数です。このボトルはオーラソーマシステムを生み出したヴィッキーのボトルとも呼ばれています。

[下層] 大地の力強いエネルギー
レッド：魂の深いところで大地と力強くつながり、生きるエネルギーがあります。自分が犠牲になれるほど、愛を与える力を持ちます。地に足がついているので、出来事や問題に適切に行動できます。情熱とエネルギーにあふれ、自発的に行動し、リーダーシップを持ちます。

[上層] 太陽の明るさと明晰性
イエロー：明るく温かく周囲を照らし、知性とユーモアで人生を楽しみます。自分を知りたいと願い、情報収集や学ぶことが大好き。理解力と決断力があります。不安・緊張・恐れを喜びに、混乱を明晰に変えていくことができます。

[シェイク] 過去から解放され、自立する強さ
オレンジ：怒りや恐れを克服し、過去のショックやトラウマから解放されています。経験から学んだ深い知恵と洞察力を持ち、それを人々に教授する能力があります。自信を持ち、自立していて、真の人間関係を築きます。社交的で豊かな人間関係と、人生を創造する力を持ちます。

イエロー／レッド

シェイクカラー：オレンジ

使用部位：下腹部全体（背中側まで帯状に）

チャクラセット（第1チャクラ）

星座：獅子座

Ⓣ自分の持っているエネルギーに関して、知恵を賢く使う機会。

Ⓐ私は、人生の歓びに自分を開きます。

このボトルを選んだあなたへのメッセージ

レッドは、力強く生命を支える大地の色です。大地に両足をつけ、心が身体とともにあり、今ここにいることを感じましょう。大地のエネルギーを受け取ることができます。イエローは、明るさとパワーの源の太陽の色です。日の出を見るとパワーを受け取ることができ、夕日を見ると1日の出来事を理解して、手放すことができます。あなたの中に、大地の力と太陽の知恵があることを思い出しましょう。

The Energy Bottle
エナジーボトル

B6

大地に足のついた生活力と愛のパワー

[選んだあなた] あふれる愛とエネルギー
生きるエネルギーと愛にあふれ、アクティブに行動します。困難な状況でも、人々に愛を与えることができる力強さがあります。また、ボトルナンバーの「6」は数秘で、愛の選択と心の真実を行動すること、親しい関係性を築くことに関連した数です。自分自身を愛するために、本当に心が望む方向を選択して、行動することができる人です。

[下層・上層・シェイク] 現実面を生きる力
すべてレッド：無意識でも意識の上でも、大地に足をつけ、パワフルに適切な行動ができます。生活レベルの経済的な問題、家族関係の問題にも正しく対応できる力を持ちます。現実の諸問題を克服していて、物理的価値観だけがすべてではないことを知っています。

❋

レッドは愛のエネルギーです。母親から影響を受けており、人々との関係性からさまざまな愛を受け取り与えることで、多くのことに気づいていきます。たくさんの愛と情熱を持ち、自分が犠牲になれるほど、人々に愛を与えて行動します。

❋

周囲に愛とエネルギーを与え過ぎて、エネルギーが枯渇したと感じる時は、自分自身をケアすることができます。自分を愛するための行動をとり、怒りや欲求不満を克服しています。エネルギーを注ぐ対象と距離を置いて、適切な関係を築きます。覚めた目で、新たに自分や周りの世界を見ることができます。人々を覚醒させます。

レッド／レッド

シェイクカラー：レッド

使用部位：おしりから下、足、足裏

拡張チャクラセット（第1チャクラ）／タントリックイルミネーションセット

星座：牡牛座／双子座

Ⓠ 人生に対する情熱と愛。

Ⓐ 私は、私がなすことすべてが、人生に愛を育てます。

このボトルを選んだあなたへのメッセージ

私たちは家族愛、恋愛、友愛、たくさんの愛によって生かされていますが、愛のエネルギーは時には怒りにもなります。そんなときは、期待と執着を手放してみましょう。あなたにはたくさんの愛のエネルギーがあります。人のため、周囲のために犠牲的なほど愛を捧げてしまい疲れきったときや、新しい選択が必要なときは、自分自身へ愛を満たす選択と、適切な行動を起こしましょう。自分を愛することは、ほかの人を愛することでもあります。

Garden of Gethsemane

ゲッセマネの園

B7

自分を知り、自分らしくあることへの信頼

[選んだあなた] 人生のプロセスを理解し信頼する
ボトルの名前は、イエス・キリストが最後の祈りを捧げた、ゲッセマネの園に由来します。経験していく人生のプロセスを信頼し、理解するための知恵を持ちます。また、思考と感情のバランスがとれています。ボトルナンバーの「7」は数秘で、神秘への理解と魂の目指す、真実の道への探求を表します。

[下層] 内なる調和と決断する力
グリーン：魂の深いところで自然や旅を愛し、自然な境界線を持つことで自分が自由になれる時間と空間を持っています。嫉妬や羨望から解放され、周囲に振り回されず、内なる調和がとれています。物事を客観的な視点から全体的に見て、真実を探求し、真の方向性を得ることができます。

[上層] 明晰性を持ち、自分を知る
イエロー：人生の旅を通して物事を理解し、自分自身を知りたいと願っています。明るさと知性を持ち、明晰に物事を見て正しく決断できます。不安や恐れの気持ちを克服し、人と比べることなく、自分らしくありたいと望んでいます。

[シェイク] 希望の光、見えてくる方向性
オリーブグリーン：過酷な環境でのハートの恐れや、苦々しい気持ちを、喜びという甘みに変えます。進むべき道が見えてきて、喜びを持って踏み出すことができます。どんな状況でも希望の光を失わない、しなやかで強い心を持ち、自分の人生のプロセスを信頼する知恵があります。

イエロー／グリーン

シェイクカラー：オリーブグリーン

使用部位：胸周りからみぞおちの周囲（背中側まで帯状に）

星座：蟹座

Ⓣ 人生のプロセスの中で信頼する。物事の展開のあり方に希望を持つ。

Ⓐ 私には何の限界もありません。私は自分で課した制限を手放します。

・このボトルを選んだあなたへのメッセージ・

人生という旅の間、すべての日が晴れというわけにはいきません。雨の日もあれば、嵐の日もあります。どのような出来事も必要性があって、あなたの元へ届けられます。そのすべては、人生の糧になります。旅の道のりを信頼して、結果を恐れずに、旅そのものを楽しみましょう。雨の日も、風の日も、楽しみながら進んでいくほど、ハートの輝きは強まって、道をより明るく照らします。

Anubis

アヌビス

B8

天から示された意志と自己の知恵の統合

[選んだあなた] 真実の道を進む、ハートの軽やかさ
古代エジプトの神で死の門番・アヌビスは、死者のハートの重さのぶん羽根を抜くので、ハートが軽いほど次の世界に飛び立てるのです。このボトルを選ぶ人は、内なる平和とともに、心が喜び幸せと感じる真の方向性を決断できます。正義感があり物事を平等に見ています。ボトルナンバーの「8」は、数秘で"∞（無限大）"、永遠の循環を意味します。

[下層] 内なる平和とコミュニケーション
ブルー：内側に平和と信頼を持っています。魂の深いところで、天の意志を受け取り、表現していくことを望んでいます。人間の上下関係の問題を克服し、正しい権威の持ち方と正義感を得て、平和的にコミュニケーションしていきます。

[上層] はっきりとした自分らしさと知性
イエロー：はっきりとした個人の意志があります。人と比べず、自分らしくありたい、自分を知りたいと願っています。学ぶことが好きで、知性があり、明晰さ、決断力を持っています。不安や恐れの気持ちを克服し、自分のパワーを正しく使うことができます。

[シェイク] 真実へと向かう内なるバランス
グリーン：ブルーが表す天の意志と、イエローが表す個人の意志がひとつになると、真実が見えてきます。思考と感情のバランスなど、あらゆるバランスがとれて、何事も正しく決断することができます。人生のサイクルや法則を理解しています。

イエロー／ブルー

シェイクカラー：グリーン

使用部位：胴体の周りの全体（背中側まで帯状に）

Ⓣ 知識のコミュニケーション、平和の喜び。

Ⓐ この瞬間、今、ここで私は変化の可能性に開きます。

このボトルを選んだあなたへのメッセージ・

あなたは何をするために生まれてきたのでしょう？ ブループリントは何でしょう？ 自分を知り、自分の意志を超えた天の意志を受け入れると、本当のあなたの道が見えてきます。それはハートが喜び、幸せと感じることをするということです。それが何かわからないときは、今自分がいる場所に感謝と愛を込めて、喜びを持って生きましょう。いくつか道が見えてきたら、ハートが喜び、幸せと感じる方向を選択しましょう。

＊ブループリント：誕生前に決めてきた人生の計画、青写真。
＊天の意志：個人（エゴ）を超越した大きな意志、運命。

Crystal Cave/
Heart within the Heart

クリスタルの洞窟／ハートの中のハート

真の自己と出会い、表現される創造性

B9

[選んだあなた] **自分自身との出会い**
自己の思考のパターンや信念に気づき、自分の中にあるあらゆる側面を統合します。豊かな感性を持ち、個性を生かしてクリエイティブな活動ができます。ボトルナンバー「9」は、数秘で最後の数。信頼して手放すこと、サイクルの終わりと完結を表します。

[下層] **内なる調和と自分のスペースを持つ**
グリーン：真実を生きる人です。自分に嘘をつけないことを示します。自然な境界線を持つため、周囲に振り回されることなく、内なる調和がとれています。ゆったりとした時間と空間を持つことができ、物事を客観的な視点から全体的に見て、適切な方向に決断します。

[上層] **ハートの内なる声を聞く**
ターコイズ：ハートのより高い次元の意識を表します。ハートの声に耳を傾け、すべてを知る内なる教師とつながっています。ハートから感じることを表現でき、大勢の人とそれをわかち合います。創造性と芸術的な才能があります。

[シェイク] **ハートの豊かさ、広がり**
ディープターコイズ：ターコイズもグリーンもハートや感情を表す色です。感受性が豊かで、自由な感情表現をすることで、感情を手放しています。コミュニケーションすることの緊張を克服していて、個性を生かし、多くの人へ向けてクリエイティブな表現をしていきます。

ターコイズ／グリーン

シェイクカラー：ディープターコイズ

使用部位：胸周り全体（背中側まで帯状に）

星座：乙女座

Ⓣ 旅の始まり。個性化のプロセス。

Ⓐ 私は、内なる声の真実に近づく道に光をあてます。

このボトルを選んだあなたへのメッセージ

自分を探求していくと、答えは内側にあることに気づきます。たとえ状況が嵐のようであろうと、ハートの内側に入るとそこには静けさと答えがあります。多面的に自分を見ていくと、内側であらゆる側面が統合され、あなたの個性が明確になります。自分の役割が見えてきて、全体の中で個性が生かされていきます。あなたは宇宙のジグソーパズルのひとつのピースです。あなただけの個性を表現していきましょう。

Go, Hug a Tree

行って、木を抱きなさい

B10

愛する自然とつながり、自然体でいる

[選んだあなた] 自然と調和し、成長し再生する

自然を愛し、自分自身が自然の一部だということを知っています。自然が持つ成長と再生の力を持ち合わせ、自然と調和して、木のように強い人です。自分に正直で、率直に行動します。また、自分がまいた種を刈り取るという自然の法則、カルマを理解し、運命と調和しています。

[下層・上層・シェイク]
ゆとりと調和の心で、真実の方向性を進む

すべてグリーン：自然とのつながりを持ち、自分自身も自然体でいられます。いつでも、自然の中にいるようなリフレッシュ感やバランスを取り戻すことができます。嫉妬や羨望を克服していて、周囲に振り回されることがなく、自分自身とほかの人との自然な境界線を持っています。自分の時間と空間を持ち、内なる調和がとれています。

＊

心が感じることに正直に行動し、自身のハートの真実を生きる人で、自分に嘘をつくことができません。広い視点から全体像を明晰に見て、進むべき道の方向性を見いだすことができ、自身のハートに従い決断します。ほかの人にも方向性を示すことができます。

＊

自分を知り、天の意志と運命を受け入れているので、変化や成長を恐れず、喜びとともに再スタートすることができます。ハートの器が大きく成長しています。今やるべきことを理解して、新しい環境や、新しい方向性に向かって一歩を踏み出します。

グリーン／グリーン

シェイクカラー：グリーン

使用部位：胸周り全体（背中側まで帯状に）、背骨

拡張チャクラセット（第4チャクラ）

Ⓣ まいた種は刈り取らなければならない。

Ⓐ 私はしなくてはならないことをするスペースをつくります。

このボトルを選んだあなたへのメッセージ

木は深く根を張り、上に伸びて枝を広げ、自分の空間を持っています。あなたの足はしっかり大地についていますか？　ゆったりできる時間と空間はありますか？　部屋の状態は心の状況を表しています。部屋を見渡してみましょう。自分のスペースに、他人の感情や思考を抱えていませんか？　忙し過ぎたり、自分らしくいられなくなったりしたとき、木や自然に触れてみましょう。リフレッシュして自然体の自分、本当の自分へ帰ることができます。

＊カルマ：原因と結果の法則。
＊天の意志：個人（エゴ）を超越した大きな意志、運命。

Essene Bottle I/
A Chain of Flowers

エッセネボトルⅠ／花の鎖

無条件の愛の光で自分と周囲を照らす

B11

[選んだあなた] 無条件の愛の光で純化する
お母さんが赤ちゃんを無条件に愛するように、ありのままの自分を受け入れ、愛します。母親のような力強さで、自分やほかの人々を受け入れ、温かさと思いやりを持って行動します。また、はっきりと物事を見ることができて、目覚めた状態です。

[下層] 女性的なやさしさと愛情
ピンク：魂の深いところで温かさと思いやり、愛にあふれて、愛を与え、受け取ることができます。自分が愛される価値があるということを知っていますが、慎ましさがあります。母親からの影響を多く受け、自己受容と無条件の愛を学んで怒りを克服しています。意識が目覚めていて、女性的な直感を持ちます。

[上層] 子どものようなピュアな目で、愛とつながる
クリアー：下層（無意識）に光をあて、愛と強くつながろうとしています。子どものような純粋な目で自分と周りの世界を見ることができます。流されずに溜まった涙を流し、浄化されています。また、過去の苦しみに光をあて、その原因を理解し、自分と周囲に光をもたらします。

[シェイク] 無条件に受け入れ、愛する力
ペールピンク：子どもの頃の愛情の問題に光をあて、愛に関する苦しみから解放されています。自分自身を受け入れ、許しと無条件の愛を学んでいます。ほかの人に与えるのと同じように自分自身に愛と思いやりをもたらし、愛を受け取ることができ、周囲に愛の光を広げます。

クリアー／ピンク

シェイクカラー：ペールピンク

使用部位：腰の周り、下腹部、胴体全体（背中側まで帯状に）

レスキューセット／ニューイーオンチャイルドセット／タントリックイルミネーションセット

星座：乙女座／獅子座

Ⓣ 思考とフィーリングに責任をとる。

Ⓐ 私はありのままの自分を愛します。

・このボトルを選んだあなたへのメッセージ・

ボトル名の由来である「エッセネ派」の人々は、自分の思考と感情が現実を引き寄せることを知っていて、浄化を重んじていました。エッセネ派の人々の7つのチャクラは浄化され美しく開き、花の鎖のように輝いて、その輝きで天使や光の世界とつながり、愛を実践しました。あなたの中にも、この花の鎖があります。自分を受け入れるほどあなたの心と身体は浄化され、花の鎖は輝きます。あなたも、愛と光を現実へもたらす子どものひとりです。

＊エッセネ派：古代のパレスチナ地方の宗派のひとつ。

B12

Peace in the New Aeon
新しい時代の平和

内なる平和が周囲を照らしていく

クリアー／ブルー

シェイクカラー：ペールブルー

ニューイーオンチャイルドセット

使用部位：首の周り全体

Ⓣ 直感。滋養と信頼と平和に光を照らす。

Ⓐ 私は内面が平和であればあるほど、ますます多くの光を与えられます。

[選んだあなた] 平和とコミュニケーションのための純化
平和な心と、すっきりした思考で創造性を発揮することができます。多くの才能と感受性を持ち、人々とコミュニケーションしていきます。文章や言葉で表現する才能があります。また、自分やほかの人を慈しみ、育てることができます。

[下層] 平和の中でのコミュニケーション
ブルー：平和で穏やかな心で、自分自身と対話できます。自分や周囲を信頼し、思考を自由に表現することができます。コミュニケーションを通して人との信頼を築き、上下関係などの権威の問題を克服しています。

[上層] 内なる平和とつながるための光
クリアー：上層(意識)のクリアーは、下層(無意識)を光で照らし強く平和とつながろうとしています。子どものような目で自分と世界を見ます。溜まった涙を流し、浄化されているとともに、過去の苦しみに光をあて、苦しみの理解をしています。自分自身と周囲に光をもたらすことができます。

[シェイク] ブループリントを、人生で表現する
ペールブルー：悲しみや苦しみを乗り越えて、自分自身を慈しみ、心の内側に平和があります。クリアーな思考ができ、創造性豊かで、言葉を使った表現の才能があります。平和の中、天の大きな意志とブループリントを受け取り、それを人生の中で表現していくことができます。周囲に平和と光を広げていきます。

― このボトルを選んだあなたへのメッセージ ―

嵐のような天候でも、雲の上にはいつも青空があります。どのような状況でも自分の内側が平和であるほど、才能を表現していくことができます。あなたが本当に表現したいことは、自分の中にあります。心を静かにして内側と対話していくと、あなたの真の目的、ブループリントに気づくことができます。あなたは平和を表現する、新しい時代の子どものひとりです。ひとり一人の平和は、世界の平和へと広がります。内側の平和を表現すると、世界へ平和がもたらされていきます。

＊ブループリント：誕生前に決めてきた人生の計画、青写真。
＊天の意志：個人(エゴ)を超越した大きな意志、運命。

Change in the New Aeon
新しい時代の変化

過去を終わらせ、変化を受け入れる心

B13

[選んだあなた] 成長と変化のための光
人生の決断と変化の時。古い感情を浄化して、終わらせる必要のあることは終わらせ、新しい始まりを見つけます。過去から脱却して、今を生きることができます。真の自分と出会うために、新しい環境を受け入れ、変身していきます。

[下層] 変化を受け入れる、心のゆとり
グリーン：自然を愛し、感受性が強くハートから物事にアプローチします。自分の境界線とスペースを持つため、感情に振り回されずにバランスがとれています。過去の感情を手放し、成長と変化を受け入れています。今の環境を見直し、客観的に決断できます。

[上層] 変化のために、もたらされた光
クリアー：光をあて強く下層（無意識）のグリーンとつながろうとしています。子どものように純粋な目で自分と世界を見ています。流されずに溜まった涙を流し、浄化されていきます。意識的に見て多くのことに気づき、苦しみの原因を理解できます。自分自身と周囲に光をもたらすことができます。

[シェイク] ハートが開き、新しい方向性へ進む
ペールグリーン：悲しみや苦しみを乗り越えて、感情は浄化されています。くり返された古いパターンを終わらせ、変化を受け入れています。はっきりと人生の方向性を見て、真実の道へ進むことを決断でき、新しい一歩を踏み出します。

クリアー／グリーン

シェイクカラー：ペールグリーン

使用部位：胸周り全体（背中まで帯状に）

ニューイーオンチャイルドセット

星座：蟹座／蠍座

Ⓣ 人生の感情的側面を照らす。

Ⓐ 手放していくほど、私は新しいものに開いていきます。

・このボトルを選んだあなたへのメッセージ・

木々は自然のサイクルをくり返し、変化し成長していきます。冬の厳しい季節は、春を受け入れるための大切な時期です。あなたは過去から学び、成長してきました。今までの環境やスペースは、成長したあなたには小さく思え、窮屈に感じていませんか？ ひとつの季節が終わり、新しく生まれ変わり、次の季節に進む時が来ています。ハートに光が注がれ開いていくと、真実の方向性が見えてきます。新しいステージに一歩踏み出しましょう。

＊スペース：空間、身近な周囲の環境。

31

B14

Wisdom in the New Aeon
新しい時代の叡智

識別する力で、周囲を混乱から解放する

[選んだあなた] 過去からの知恵の輝き
新しい時代に、過去からの知恵を世の中にもたらすことができます。過去の経験から大切なことを学び、自分の知恵にしていきます。必要なことは吸収し、必要のないものは手放せます。自分が何者で、なぜここにいるのかを明晰に見て、知ることができ、深い歓びを感じることができます。

[下層] 輝かせていく、自分の価値
ゴールド：過去からの深い知恵を持っています。また、識別力と深い理解力もあります。自分を偽ることなく自己価値を受け入れ、自分を輝かせたいと願っています。腹がすわり、恐れるものがありません。自分の内側にあるパワーを正しく使うことができます。

[上層] 内なる知恵と、つながるための光
クリアー：上層(意識)から光をあて、下層にある知恵と強くつながろうとしています。純粋な目で自分と世界を見ています。自分自身がわからない苦しみに自ら光をあて、理解すると同時に、周囲に光をもたらすことができます。

[シェイク] 知恵の光が、輝きあふれる
ペールゴールド：恐れや混乱に光をあて、深い理解とともにそれらを浄化し、解放しています。過去からの知恵とつながることができ、明晰に見て自分は誰なのかを知り、物事を識別できる光と喜びで自分自身を輝かせています。内なる知恵を周囲へもたらします。

クリアー／ゴールド

シェイクカラー：ペールゴールド

使用部位：みぞおちの周り全体(背中まで帯状に)、または全身

ニューイーオンチャイルドセット

星座：射手座

Ⓣ 明晰性が開く知恵につながる。

Ⓐ 恐れを手放していくほど、私は内なる真実に純粋になることに開いていきます。

このボトルを選んだあなたへのメッセージ

新しい時代への移行が加速している現在、あなたの意識にもその準備がなされています。変化にともない、混乱や恐れを感じることもあるでしょう。ゴールドは、恐れと歓びを表します。ジェットコースターに乗るときのような、ドキドキする恐怖心とワクワクする歓びです。新しいことを始めるときにわき上がる、恐れを選ぶか歓びを選ぶかは、あなた自身です。本当にあなたが望む世界を選択し行動するとき、歓びがわき上がり、内側の光が輝き出すことでしょう。

＊新しい時代：占星術での大きな時代のサイクルで、西暦2000年前後から新しい時代が始まるとされています。

Service in the New Aeon
新しい時代の奉仕

内なる癒しから人の癒しのサポートへ

B15

[選んだあなた] 癒しと変容のための浄化
精神的な強さを持ち、困難な状況でも受け入れることができます。神秘的なことと、現実面のバランスがとれています。幻想に浸ることなく、はっきりと世界を見ることができます。自分自身やほかの人を癒し、変容させ、助けることができます。内なる女性性と男性性の統合、目標の実現化など、天と地、陰と陽の2つが統合されています。

[下層] 二極の統合と内なる変容
バイオレット:人生の目的と使命を理解し、実践できることを表しています。物事のポジティブな側面とネガティブな側面の両面を見ていくことができ、自己のネガティブな面も否定せず、はっきり見て、両極を統合しています。内なる癒しと変容がなされていきます。

[上層] 癒しと変容をもたらすための、純化の光
クリアー:意識の光をあてて強く下層(無意識)のバイオレットとつながろうとしています。純粋な目で自分と世界を見ています。浄化され、苦しみを理解することができます。そして、自分自身と周囲の人々に光をもたらします。

[シェイク] 癒され変容して、奉仕する
ペールバイオレット:自己の浄化と癒しがなされて、あらゆる側面が統合され変容しています。また、ほかの人を癒すサポートができます。ほかの人の役に立ちたい、奉仕したいと願い、人生の目的と使命を実行していきます。

クリアー／バイオレット

シェイクカラー:ペールバイオレット

使用部位:髪の生え際全体、頭部全体

ニューイーオンチャイルドセット

星座:山羊座

Ⓣ 浄化を通した自己の向上。

Ⓐ 光を自分の中に取り入れていけばいくほど、私は変容することに開いていきます。

このボトルを選んだあなたへのメッセージ

光と闇、陰と陽、女性と男性、見えない世界と現実の世界など、この世界は二元性を持ちます。あなたの中で、この2つの側面が統合される時期に来ています。自分の闇、ネガティブな側面は見たくないものですが、認めないでいると闇は拡大し、恐れは大きくなります。今、あなたは闇に光をあて、自分自身をはっきり見ようとしています。意識の光により、気づきがもたらされ、浄化され癒されて、統合と変容が訪れています。

＊変容:ネガティブな側面がポジティブな質へと変わって、高まっていくこと。

The Violet Robe

菫色の衣

B16

二極の統合の後に人生の目的を知る

[選んだあなた] ポジティブな質への統合と変容

バイオレットローブ（菫色の衣）は、イニシエーション（次へのステップのための儀式）の際に身につけるものであり、変容の準備ができていることを表します。次の段階へのぼるための大きな移行の時を迎えています。新たな目で人生を見直し、再評価していけます。ネガティブな側面がよりポジティブな質へと、すべてが変容されていきます。神秘的なことが理解でき、それを現実面に役立てることができます。

[下層・上層・シェイク] 二極の統合と内なる変容

すべてバイオレット：幻想を手放し、自己のネガティブ面を否定することなくはっきり見て統合されています。ネガティブな思考と行動パターンに気づき、ポジティブに変容していきます。理想と現実、内なる女性性と男性性の、あらゆる二極の統合と内なる変容がなされていきます。

❊

奉仕の精神と高い精神性を持ち、熟考や瞑想を通して、人生の目的と使命に目覚めていて、それを行動することができます。人生の隠された神秘を理解することができ、何のために生まれてここにいるのか、真の人生の目的を知り、それを実践します。ブループリントを現実面で行動します。

❊

愛と平和の心を持って、自分を癒して変容させることができるうえ、あなたがいるだけで周囲の人々が癒され、変容をサポートしています。謙虚で、気品と敏感さを持ち合わせ、高い目的を持って奉仕していきます。

バイオレット／バイオレット

シェイクカラー：バイオレット

拡張チャクラセット（第7チャクラ）

使用部位：髪の生え際全体

Ⓣ 真の自己と、奉仕に目覚める。安全な再評価。

Ⓐ 私の目的に気づけば気づくほど、私の人生は充実していきます。

── このボトルを選んだあなたへのメッセージ ──

あなたはひとつずつ、ネガティブな思い込みを解放して、ステップをのぼってきました。自分の中の闇の側面を受け入れ、変容の準備をしてきました。階段をのぼり続け、踊り場に来ています。ローブの中で静かに守られ、変容を受け取る時を迎えています。隠された神秘をはっきり見て、人生の目的を受け取りましょう。あなたが癒されて変容したら、ほかの人の癒しと変容を手助けできます。

＊ブループリント：誕生前に決めてきた人生の計画、青写真
＊変容：ネガティブな側面がポジティブな質へと変わって、高まっていくこと。

Troubadour I / Hope

吟遊詩人 I／希望

B17

変容する精神と新しい時代への希望

[選んだあなた] ハートの癒し、新しい始まりの希望
吟遊詩人のように、あなたは神秘の中に隠された真実を見いだし、それを伝えることができます。感受性や直観力を持ち、創造性を豊かに表現していく芸術的な才能を秘めています。感情や創造性の表現により、ハートは癒され、水瓶座の新しい時代に、希望を見いだすことができるでしょう。

[下層] 奉仕の精神と高い精神性
バイオレット：奉仕の精神と高い精神性を持ち、熟考や瞑想を通して、自分の人生の目的と使命に目覚めて、現実面に実践することができます。ヒーリングの才能があり、自分を癒し変容することができ、人々に奉仕します。

[上層] 感性を大切にして、進む道を感じ取る
グリーン：感性豊かで、感じるための自分のスペースを持っています。周囲の人の思いや自分の感情に振り回されることなく、内なるバランスがとれています。自分の時間を有効に使うことができ、自然を愛し、内なるバランスがとれています。信頼と希望を持って、人生の道を選択していくことができ、真実を探求します。人生の目的に従い真の道を進みます。

[シェイク] 真実の表現による癒しと変容
ダークグリーン：思考と感情、理性と直感のバランスがとれています。人生を探求し、そこから導き出された真実をクリエイティブに、表現できます。表現することによってハートが癒され、変容していきます。平和と希望の心で人生を創造していきます。

グリーン／バイオレット

シェイクカラー：ダークグリーン

使用部位：胸周り全体（背中側まで帯状に）、髪の生え際全体

星座：水瓶座

Ⓣ スピリチュアリティへの新しい始まり、スターにつながる。

Ⓐ 私は真理を見つけることを知って、探し変容します。

このボトルを選んだあなたへのメッセージ

自分のハートと対話をしてみましょう。ハートに穏やかさと希望はありますか？ 昔、旅人は夜空の星を見て、進む方向を理解しました。あなたのハートにも星があります。ハートが穏やかで平和であると雲が消え、夜空に星が輝き、進む方向性と道が見えてきます。過去のたくさんの感情が癒されて手放され、真の始まりの時を迎えています。ハートに信頼と希望を持って、新しい一歩を踏み出しましょう。道はもう、見えているはずです。

＊水瓶座の新しい時代：占星術での大きな時代のサイクル上の、西暦2000年前後から始まる新しい時代。
＊吟遊詩人：中世ヨーロッパで、神秘の中にある真実を歌や踊りで表現しましたが、教会の教えと反するため迫害されたといわれています。

Egyptian Bottle I / Turning Tide
エジプシャンボトルⅠ／ターニングタイド

B18

獲得した癒しの知恵による人々への奉仕

[選んだあなた] 癒しのための知恵で奉仕する
人生の目的に気づき、喜びを持って目的を達成します。自分が夢見た通りに現実を生きていきます。高い精神性と、癒しのための知識、ヒーリングの才能があります。霊感と直観に優れ、神秘的なことを理解し、人に教える才能があります。ほかの人を助け、奉仕したいと願っています。

[下層] スピリチュアルなことへの理解と実践
バイオレット：精神世界への理解があり、奉仕の心と高い精神性を持ちます。熟考や瞑想を通して、自分の人生の目的と使命に目覚め、それを実現することができます。ヒーリングの才能があり、自分を癒し変容させることができ、ほかの人の癒しと変容のサポートができます。

[上層] 学びを通して、自分を知る
イエロー：自分を知りたいと願い、学んで理解することに喜びを感じられます。太陽のような明るさと知性を持ち、不安や恐れを克服しています。学びを通して自分自身を知り、明晰性と理解力、決断力があります。

[シェイク] 癒しと変容の知恵
ディープイエロー：考え過ぎによる恐れや混乱、神秘への恐怖は解決され、スピリチュアルなことを学び、理解することに喜びを感じています。ヒーリングや変容のための知識を蓄え、それを用いて人々へ奉仕します。知恵を活用して、人生の目的と使命を実践していきます。

イエロー／バイオレット

シェイクカラー：ディープイエロー

使用部位：みぞおちの周囲（背中側まで帯状に）、髪の生え際全体

星座：魚座

Ⓠ なぜ私たちがここにいるのか、何のためにいるのかにつながる知識を洗練する。

Ⓐ 私は恐れを手放せば手放すほど、変容という自由を感じます。

・このボトルを選んだあなたへのメッセージ・

2000年ごとに移行する大きな変化の波が押し寄せ、新しい水瓶座の時代へと移行しはじめています。あなたも変容の時を迎えています。古い思い込みの観念や、幻想が崩れつつあります。それらを手放すために過去の思考や感情が浮上したり、知らない世界へ飛び込むために恐れや混乱を感じたりもするでしょう。それは移行の過程です。影の側面に光をあて、恐れを手放していくと、癒しと変容がもたらされていきます。

＊Turning Tide（ターニングタイド）：魚座の時代から水瓶座の時代へ移行する、大きな流れの変わり目のこと。
＊水瓶座の新しい時代：占星術での大きな時代のサイクル上の、西暦2000年前後から始まる新しい時代。

Living in the Material World
物質界に生きる

高い精神性と物事を現実化する力

[選んだあなた] 癒しと奉仕を実践するエネルギー
自分や人々を癒す才能があり、それをエネルギッシュに実行します。福祉や看護、癒しの仕事などで社会に奉仕しますが、何をしても成功する力とリーダーシップがあります。物質的なことだけに執着することなく、神秘的なことや霊的なことを正しく見極めることができます。

[下層] 人生の目的と使命を理解し、実践する力
パープル：奉仕の精神と高い精神性を持ち、熟考や瞑想を通して、自分の人生の目的と使命に目覚めて、それを実践することができます。思考や感情をポジティブな質へと変容させていきます。ヒーリングの才能を持ち、自分を癒し変容することができ、人々に奉仕します。

[上層] エネルギッシュな行動
レッド：エネルギーにあふれ、自分を犠牲にしてまでも、ほかの人に愛を与えることができます。地に足がついているので、現実面で適切に行動でき、リーダーシップを持ち実行します。執着する心や、怒りを克服して、自分を愛するために行動することができます。

[シェイク] 日常と目に見えない世界とのバランス
マゼンタ：スピリチュアルなことと現実を生きる感覚とのバランスがとれています。また、情熱的に愛と奉仕を実践します。日常の小さな物事に愛情を注いでいくことで、天からの大きな愛に気づき、人々を思いやり、配慮するように自分自身もケアできます。

B19

レッド／パープル

シェイクカラー：マゼンタ

使用部位：下腹部の周囲（腰まで帯状に）、髪の生え際全体

星座：山羊座

Ⓣ 私たちの身体の再生は、私たちが思考を変化させて、新しいエネルギーを増やすときに起きる。

Ⓐ 私は人生が与えるべきものすべてに「イエス」と言います。私は、自分自身に「イエス」と言います。

このボトルを選んだあなたへのメッセージ

私たちは何度も地球に生まれ、現実世界でたくさんの経験をしています。物質的な世界から、霊性を学んできたのです。今、スピリチュアルな目覚めがもたらされています。新しい目で現実世界を見る時期に来ています。あなたが日常の小さなことに愛と思いやりを注いでいくと、あなたにも天からの大きな愛が注がれていたことに気づくでしょう。天から愛されていることを知り、自分自身を思いやり、ケアしていきましょう。

＊変容：ネガティブな側面がポジティブな質へと変わって、高まっていくこと。

Child Rescue/ Star Child

チャイルドレスキュー／スターチャイルド

男女性の統合で癒される内なる子ども

B20

ブルー／ピンク

シェイクカラー：バイオレット

使用部位：全身

レスキューセット／チャクラセット（第7チャクラ）／ニューイーオンチャイルドセット

星座：双子座／天秤座

Ⓣ 無条件の愛のコミュニケーション。意識のマインドにおける平和、自己の深みにある自己受容。

Ⓐ 私は内側にある静かで小さな声に耳を傾けます。

[選んだあなた] 無条件の愛で、平和を表現する

自分自身を幼い子どものように許し、受け入れます。また、楽天的な側面も持ち合わせ、平和的で、愛情深く、思いやりを持って、人とコミュニケーションできます。内なる女性性と男性性（直観と理論、感情と思考、理想と現実、愛とパワーなど）のバランスがとれています。

[下層] 無条件の愛と思いやり

ピンク：温かさと思いやりにあふれ、受け入れること、許すこと、無条件の愛に目覚めています。母親から影響を受け、その女性性を学んでいます。また、地に足がつき意識が目覚めていて、女性的な直観を持って行動します。

[上層] 平和のコミュニケーション

ブルー：平和で穏やかな心を持ち、自分自身と対話することができます。父親から影響を受け、男性性を学び、自分や周囲を信頼して、自由に表現することができます。コミュニケーションを通して人との信頼を築いていきます。

[シェイク] 内なる女性性と男性性のバランス

バイオレット：理想と現実、女性的な側面と男性的な側面の両極のバランスがとれ、二極が統合されて、自分の中の"内なる子ども"が癒されています。両親からの影響を多く受けて学んでいます。人生の目的と使命に目覚めて、それを実行する力があり、周囲へ愛と平和を伝えていきます。

───── このボトルを選んだあなたへのメッセージ ─────

あなたは両親から、どんな影響を受けていますか？ あなたはどんな子どもでしたか？ 私たちは皆、自分の内側に子どもの部分を持っています。内なる子どもは、無邪気で限界を知らず、創造性にあふれています。もし内なる子どもが悲しんでいたり、怖がっていたり、怒っていたら、その子どもとともにいてあげましょう。内なる子どもとともにいると、自由な創造性が生まれてきます。内なる女性性と男性性がひとつになり、愛と平和を表現していくことができます。

＊内なる子ども：大人の中にある子どもの側面。

New Beginning for Love

愛への新しい始まり

B21

自分を受け入れ、新しい方向に進む

[選んだあなた] 自分を受け入れ愛する、新しい始まり
自分やほかの人々を受け入れ、愛と思いやりがあります。状況を広い視点から見ることのできる、広い心のスペースを持ち、目標を設定して、それを実現するために行動します。自分を無条件に愛するための、新しい始まりが訪れています。

[下層] 無条件の愛と思いやり
ピンク：魂の深いところで、温かさと思いやり、愛にあふれて、愛を与え受け取ることができます。自分自身を受け入れること、許しと無条件の愛を学んでいます。地に足がついて、愛を実践していきます。また、意識が目覚めていて、女性的な直観を持って行動します。

[上層] スペースを持ち、ハートから決断
グリーン：過去の感情を手放し、成長と変化を受け入れ自然体でいられます。自然な境界線を持つため、自分のスペースの中心にいることができ、周囲に振り回されることなくバランスがとれています。今の環境を見直し、客観的に見て正しい方向に決断できます。

[シェイク] 自己受容して、新しい方向へ進む
ダークグリーン：ハートから愛を表現します。愛に目覚めてハートが開き、新しい視点から物事を見ていきます。自分を受け入れ愛するための方向性が見え、新しい環境に進むことができます。そしてそこに根づいていきます。

グリーン／ピンク

シェイクカラー：ダークグリーン

使用部位：胸の周り全体（背中まで帯状に）

Ⓣ 自己受容を通した自由の出現。

Ⓐ 私はあるがままの自分を受け入れるほど、より広い見解から物事を見るようになります。

・このボトルを選んだあなたへのメッセージ・

今まであなたは、自分で選択した環境の中で、内なるバランスと愛を学んで成長してきました。あなたに新しいステージが用意されようとしています。子どもが見るような、新しい目で自分を見て、周囲を見ていくと、自分自身の新しい発見や、今まで見えなかった新しい世界が目の前に広がっていることに気づきます。自分自身を受け入れるほど、気づきと目覚めが起こり、その新しい世界に踏み出していくことができます。

B22

Rebirther's Bottle/ Awakening
再生者のボトル／目覚め

過去の解放と自立で再誕生する

[選んだあなた] 神聖な知恵に目覚めて、生まれ変わる
無条件に自分自身を受け入れ、物事を受け入れる知恵と力を持ちます。神聖な愛と知恵に目覚めて、再誕生して、生まれ変わったような新たな目で人生を見ることができます。地に足をつけて、決断力を発揮しながら行動します。

[下層] 無条件の愛と思いやり
ピンク：魂の深いところで、温かさと思いやり、愛にあふれています。自己を受け入れることと無条件の愛を学び、愛を与え受け取ることができます。自分は愛される価値があることを理解しています。地に足がつき、意識が目覚めていて、女性的な直観を持って愛を実践していきます。

[上層] 明晰な目で、自分と世界を見る
イエロー：太陽のような明るさと知性を持ちます。心配や不安、恐れの気持ちを克服し、人生に喜びや幸せを感じ、軽やかに人生を楽しみます。明晰さと理解力、正しい判断力と決断力があります。さまざまな知識を学ぶことが好きで、学びを通して自分を知ることができます。

[シェイク] 愛の知恵で、自分と人々を受け入れる
コーラル：自分や人々を受け入れ、愛するための知恵があります。深い洞察と直観を持っています。過去の深い感情や過去の関係性から解放されて、新しく生まれ変わっていきます。自立して、周囲の人々と支え合い、真の人間関係を築いて、幸せを人々とわかち合います。

イエロー／ピンク

シェイクカラー：コーラル

使用部位：みぞおち、胴体全体（背中まで帯状に）

Ⓣ 喜びと自己受容の新しい始まり。

Ⓐ 私は愛を吸い込み、充分に愛を吐き出します。

・このボトルを選んだあなたへのメッセージ・

今まであなたは、愛を学んで成長してきました。新しい自分に目覚め、生まれ変わろうとしています。あなたは愛される十分な価値を持っています。ありのままの自分を受け入れ、大地にしっかり足をつけ、自信を持って歩いていきましょう。たくさんの新しい出会いがもたらされるでしょう。誕生した時のような新たな目で、改めて自分自身と世界を見て、自分が幸せと感じることを選択し、自分を愛するための行動をとりましょう。

Love and Light

愛と光

B23

自分を認め、周囲と愛をわかち合う

[選んだあなた] 成長と変化のための光
自分自身を無条件に受け入れて愛することができ、ほかの人々にも同じように、愛と思いやりと温かさを与えることができます。自分を愛と知恵の光で満たし、間違った自己イメージを解放して、本当の自分への理解が目覚めています。そして周囲の人々へ、愛と光を広げていくことができます。

[下層・上層・シェイク] 無条件の愛と思いやり
すべてピンク(上層はローズピンク)：魂の深いところで、温かさと思いやり、愛にあふれて、惜しみなく愛を与えます。母親から影響を受け、自己受容と無条件の愛を学んでいます。女性的な直感を持ち、地に足をつけ、愛を実践していきます。

怒りや欲求不満は克服され、愛されていないという思いや、愛を受け取ることができなかったことから学び、今のありのままの自分を受け入れ、許し、認めることができます。ほかの人も受け入れることができ、心から共感できます。自分は愛される価値があることを理解しています。

ハートが開いて愛を表現していきます。スムーズに愛を与え受け取ることができます。ハートに光を灯して、愛と光を自分や周囲の人々に与え、わかち合うことができます。意識が目覚めていて集中力があり、愛と思いやりを持って行動します。あらゆる執着を手放していきます。

ローズピンク／ピンク

シェイクカラー：ピンク

使用部位：下腹部、胸周り(背中まで帯状に)、髪の生え際全体

タントリックイルミネーションセット

Ⓣ 慈悲と自己受容。自分自身を見つめる過程の中で慈悲を見つけるほど、私たちは自分をもっと受け入れることができる。

Ⓐ 私はあるがままの自分を受け入れます。私はそのままの自分自身を許します。

・このボトルを選んだあなたへのメッセージ・

自分を愛するために、本当に望んでいることを行動しましょう。やりたいのにあきらめたり、自分が真に望んでいないことをやってしまうと、フラストレーションや怒りが起こります。まずは今いるところから、できることから実践しましょう。自分を愛することを忘れそうになったとき、やさしいピンクの光で、あなたの身体の周り全体を包み込むイメージをしてみましょう。ピンクの光を吸い込み、内側が愛で満たされるのを感じましょう。

B24

New Message
新たなメッセージ

神秘とつながり、自由なハートで表現する

[選んだあなた] 自由な感情表現による癒し
心が平和で、ハートから表現して伝えることができます。自分自身や、周囲の人々の心を癒す力があり、感情を表現することや芸術的表現によって癒されていきます。豊かな感受性と創造性を持って個性を発揮し、社会全体に奉仕することができます。理性と感性のバランスがとれています。

[下層] ハートからのコミュニケーション
ターコイズ：魂の深いところでハートとつながり、自由に感情表現することができます。すべての答えを知る内なる教師とつながっています。豊かな感受性と創造性があり、自分の個性を発揮し、世界に向かって表現していきます。芸術やメディア、コンピュータを使った表現の才能があります。

[上層] 神秘的なこととつながり表現する
バイオレット：人生の目的と使命に気づいていて、それを実践できることを表しています。繊細さと敏感さを持ち、微細なエネルギーを受け取れます。自分やほかの人を癒す力があり、高い目的を持って奉仕していきます。

[シェイク] 新しい時代のメッセンジャー
ロイヤルブルー：コミュニケーションの問題を克服し、権威に萎縮することなく、感情や神秘的なものを自分らしくクリエイティブに表現していきます。感性が豊かで、高いコミュニケーション能力があり、新しい時代のエネルギーや直感を繊細に柔軟に受け取り、表現できます。

バイオレット／ターコイズ

シェイクカラー：ロイヤルブルー

使用部位：胸周り(背中側まで帯状に)、首と喉、肩の周り

Ⓣ 存在の感じる側面からのコミュニケーション。スピリットから呼び覚まされたコミュニケーション。ハートからの変容の力を持つコミュニケーション。

Ⓐ 私は新しいものに開いていきます。私はその瞬間を受け取るように私のハートの中で喜びを感じます。

・このボトルを選んだあなたへのメッセージ・

時代は2000年サイクルでの大きな変化を迎えています。ひとり一人の個性を生かし、グループや社会全体に奉仕するという水瓶座の時代のエネルギーに、あなたは強く共鳴しています。あなたは高次元の神秘的な世界や、すべてを知るハートの教師を感じることができます。あなたが感じたことを、個性を、自由に創造的に表現していきましょう。表現するほどハートは癒されていきます。あなたは新しい時代のメッセンジャーです。

＊水瓶座の新しい時代：占星術での大きな時代のサイクル上の、西暦2000年前後から始まる新しい時代。

Florence Nightingale / Convalescence Bottle

フローレンスナイチンゲール／回復期のボトル

愛と配慮で、天からの愛を日常に表現

B25

[選んだあなた] あふれる愛と奉仕のエネルギー
自分自身やほかの人々を思いやり配慮し、愛で癒す力と、奉仕のための開拓の精神を持ちます。強い信念と忍耐力、パワフルな行動力を持って人々をサポートし、ケアします。医療・福祉関係の仕事の才能もあります。

[下層] 細やかな愛情と配慮を、日常にもたらす
マゼンタ：魂の深いところに細やかな愛情と配慮を持っています。物事の細部によく気がつき、日々の生活の中で、気遣いと愛の行動を実践します。繊細さとパワフルさを持ち、あらゆることに愛と思いやりを注ぎます。日常の中に、神聖な愛と美があることを見ることができます。

[上層] 高い目的を持って、奉仕する
パープル：人生の目的と使命に気づいていて、それを実践することができます。繊細さと敏感さを持ち、微細なエネルギーを受け取れます。スピリチュアルなことを探求して、現実に役立たせます。自分やほかの人を癒し、変容させる力があり、高い精神性と目的を持って奉仕していきます。

[シェイク] 細やかな気配りと愛による癒し
パープル：自分自身と周囲の人々、日常の小さなことに、愛と気配りを与え、癒しをもたらします。同じように、自分にも天からの大きな愛が与えられ、生かされていることを知って、癒されます。周囲の人々をケア奉仕するのと同じように、自分をケアし、癒すことの大切さを知っています。

パープル／マゼンタ

シェイクカラー：パープル

使用部位：頭髪の生え際全体

Ⓣ 神秘家。天から与えられたインスピレーションによって霊感を受けた人。人に奉仕をすることの中にある開拓精神。

Ⓐ 私は過去を手放し、私があるように自分自身を愛します。

このボトルを選んだあなたへのメッセージ

あなたは愛情深く、日常のあらゆるところに細かな配慮と気遣いができ、周囲の人々をケアし奉仕していきます。もし自分が消耗していまい、疲れきってしまったと感じたら、自分自身をケアし、休息を与えてください。あなたが日常の小さなことすべてに愛を注いでいるように、あなたにも天からの大きな愛が注がれています。天から愛されていることを知り、自分自身も大切にしてケアしていきましょう。

B26

Etheric Rescue / Humpty Dumpty Bottle
エーテルレスキュー／ハンプティダンプティボトル

過去からの解放と自立、深い洞察

[選んだあなた] 深い洞察と直観力で、人生を創造する
過去の多くの経験に基づく、深い洞察力と直観力を持ちます。深い知恵があり、人に教えることができます。また、独立心が強く、自立していて、自発的に行動します。物事を創造する強い力を持ち、人生に歓びを感じることができます。

[下層・上層・シェイク] 自立して自信を持ち行動する
すべてオレンジ：人間関係を大切にして、社交的で明るく行動的です。依存の問題を克服して自分に自信を持ち、独立心があり自立しています。経験から学んだ深い直観と洞察力を持ち、それを人々とわかち合い、教えられる才能があります。教えることで学び、さらに深い知恵にします。

✣

過去に受けたショックとトラウマの理解と解放と、溜まった怒りや恐れなどの過去の感情を手放すことができます。過去から現在までの時間の滞りも解放され、スムーズに流れはじめます。ほかの人のショックや傷も吸収し、解放することができます。人間関係からさまざまなことを学び、独立心があり自立して新しく関係性と人生を創り上げていく力を持ちます。

✣

腹がすわっていて決断力があります。現実に実行する力とねばり強さがあり、計画倒れになることなく大きなことが達成できます。深い歓びを持って前進し、人生を創造していきます。洞察を通して内側にある自己の神聖さに気づき、人々の中にある神聖さを見ることができます。

オレンジ／オレンジ

シェイクカラー：オレンジ

チャクラセット（第2チャクラ）／レスキューセット

使用部位：腹部全体（腰まで帯状に）、身体の左側

Ⓣ タイムラインのヒーリング。シンクロニシティへのバランスを見いだすために、食い違いをつなげる助けになる。

Ⓐ 今まで私であった存在に平和を送ります。

・このボトルを選んだあなたへのメッセージ・

どのような感情もいい悪いはなく、深い内側の真実を教えてくれます。心に大きな傷を受けたとき、そこには大きな学びが隠されています。過去の受け入れがたい出来事や、それにともなう自分の見たくなかった感情が、受け入れられ、深い理解へ至ると、過去から溜まっていた深い感情やこだわりが、自然と解放されていきます。学び終えて必要のなくなったものを手放す時が来ました。手放すと、あなたが本当に必要としていることを受け取れます。

＊ハンプティダンプティ：卵型の置物ハンプティダンプティは塀から落ちてバラバラになり、誰も元に戻せなかったというイギリスの童話に由来。B26は元の卵型のオーラに戻す助けをします。

Robin Hood

ロビン フッド

B27

心の真実を、エネルギッシュに行動する

[選んだあなた] 人生の情熱と新しい方向性
自分の心に従って力強く行動します。集中力と決断力を備えています。人生に愛と情熱を持ち、新しい世界に飛び込む勇気と自信があります。内なる女性性と男性性（愛とパワー、理性と感性など）のバランスがとれています。

[下層] 内なる調和を持ち、真実の方向性を探求
グリーン：魂の深いところで真実を探求し、内なるバランスを持っています。感情に振り回されることなく自分のスペースと心のゆとりを持っています。過去の感情を手放し、成長と変化を受け入れています。客観的に今の環境を見直し、心から真実の方向性を決断できます。

[上層] 愛を情熱的に実践する
レッド：地に足がつき、愛のエネルギーにあふれています。怒りやフラストレーションは、自分が心からやりたいと思うことを行動することによって自ら克服しています。集中力があり意識が目覚めています。自分や周囲を愛するために、情熱を持ちエネルギッシュに行動します。

[シェイク] 真実をエネルギッシュに行動
ディープレッド：力強い行動力があります。自分を愛するための真の方向性を見いだし、勇気を持って新しい環境へと踏み出します。自分の内なる調和と愛情を発揮するためのエネルギーを持ち、心の真実をエネルギッシュに行動し、リーダーシップを発揮します。

レッド／グリーン

シェイクカラー：ディープレッド

使用部位：胴体全体（背中まで帯状に）

星座：射手座

① 自分の内側で男性性と女性性との関係性を発見する。頭とハート、根っことハートの間のバランス。

Ⓐ 私は私の上と私に向かって輝く光に開いていきます。私はできる限り今私がいるところを受け入れます。

・このボトルを選んだあなたへのメッセージ・

あなたは男女のパートナーシップから愛を学び、成長しています。あなたはロビンフッドのように、真実を情熱的に生きる人。エネルギーと正しい決断力を持ちますので、パートナーとの関係性を正しくして、環境を選び直し、再スタートさせる力があります。陰と陽の正反対の質を持つレッドとグリーンの補色関係のように、あなたの内なる女性性と男性性のバランスがとれると、大きな可能性が開かれていきます。

Maid Marian

B28

メイド マリアン

愛のエネルギーで見いだす新しいスペース

[選んだあなた] 愛のための、新しい方向性と環境
新たな視点から、人生の方向性を決断することができ、自分自身の真実を生きます。自分の直観を信頼して、正しく行動ができます。内なる女性性と男性性（直感と理論、感情と思考、愛とパワーなど）のバランスがとれています。

[下層] 自分と周囲を愛する情熱
レッド：魂の深いところで、犠牲的な愛を与えられるほど豊かな愛情を持ちます。怒りやフラストレーションは、自分が心からやりたいと思うことを行動することによって自ら克服しています。自分や周囲の人々を愛するために、エネルギーにあふれて行動します。

[上層] スペースを持ち、真実の方向性を探求
グリーン：真実を探求し、内なるバランスがとれています。周囲の状況や感情に振り回されることなく、自分のスペースと心のゆとりを持っています。過去の感情を手放し、成長と変化を受け入れています。今の環境を見直し、客観的に全体を見て正しく決断できます。

[シェイク] 自分を愛するための新しいスペース
ディープレッド：内側に秘めた強いエネルギーと力強い行動力を持ちます。自分の置かれた状況を見直し、目覚めた意識で新しい視点から決断できます。怒りや不満、嫉妬を克服して、今やるべきことを実践します。自分を愛するための方向性を見つけ、新しいスペースに踏み出していきます。

グリーン／レッド

シェイクカラー：ディープレッド

使用部位：胴体全体（背中まで帯状に）

Ⓣ ハートの目覚め。女性性と男性性、直感と分析の間のバランス。

Ⓐ 私は自分自身のスペースに立つために内なる力を見つけます。

・このボトルを選んだあなたへのメッセージ・

あなたの内側には愛のエネルギーがあふれています。男女のパートナーシップから愛を学び成長しているあなたは、自分を愛するために自分の置かれた環境を見直し、パートナーとの関係性を正しくして、いつでも人生を新たに選び直すことができます。正反対の質を持つレッドとグリーンの補色の関係のように、内なる女性性と男性性の2つのバランスがもたらされると、新たな方向性や可能性に開かれていくことでしょう。

Get Up and Go
起きて、進め

B29

情熱で具現化される天からの使命

[選んだあなた] 平和と愛のエネルギー
愛とエネルギーに満ちあふれ力強く行動するため、成功し、物質的・経済的に恵まれます。内面に平和と穏やかさを秘め、平和や愛を伝えることもできます。アイデアを行動に移すことができ、内なる女性性と男性性（感情と思考、直感と理論など）のバランスがとれています。

[下層] 内なる平和と信頼
ブルー：魂の深いところで平和で穏やかな心を持ち、内なる対話ができます。ブループリントとつながり、人生の中で表現していきます。自分や周囲を信頼しているので、自由な表現ができます。上下関係などの権威の問題を克服し、コミュニケーションを通して、人との信頼を築いていきます。

[上層] 愛にあふれたエネルギッシュな行動
レッド：地に足がついて、目覚めた意識と集中力があり、愛のエネルギーにあふれています。怒りやフラストレーションは、克服されています。愛と情熱を持ち、エネルギッシュに行動して、経済的にも成功し、物理的にも満たされます。

[シェイク] 2つの側面の統合
バイオレット：人生の目的と使命をエネルギッシュに行動に移し、ブループリントを現実化します。精神世界と現実世界とのバランス、内なる女性性と男性性の統合など、二極のバランスを保てます。スピリチュアルなことを実践して具現化し、人々の変容をサポートし、奉仕していきます。

レッド／ブルー

シェイクカラー：バイオレット

使用部位：胴体全体（背中で帯状に）

Ⓣ 物質界に生きる。両極間における太陽神経叢のバランス。

Ⓐ 私は内なる平和に飛び込み、私たちにやってくるエネルギーはどんなものでも嬉しく思うように開いていきます。

・このボトルを選んだあなたへのメッセージ・

あなたはたくさんのアイデアを受け取ることができます。その計画を現実にしていくためにはエネルギーが必要です。大地のエネルギーを受け取るためには、まずしっかり両足を地につけます。足の下に、地球とつながるためのアーススターがあります。アーススターがレッドに輝くのを感じ思い描いて、足の裏からエネルギーを吸い込むイメージをします。大地のエネルギーを受け取り、目覚めて起き上がり、行動しましょう。

＊ブループリント：誕生前に決めてきた人生の計画、青写真。

47

B30

Bringing Heaven to Earth
地上に天国をもたらす

大地に足をつけ、人生の使命を実現

[選んだあなた] 地上に楽園をもたらす力
物事を見極める力を持ち、自分が誰なのか、何をするべきなのかを知っています。アイデアを行動に移し、実現させる力を持ち、力強く地上に楽園を創ることができます。天と地、内なる女性性と男性性（直感と理論、感情と思考など）のバランスがとれています。

[下層] 愛と情熱でエネルギッシュに行動
レッド：大地に足がついていて、愛のエネルギーにあふれています。怒りやフラストレーションは、自分を愛するための適切な行動によって克服されています。目覚めた意識と集中力、情熱を持ち、エネルギッシュに行動します。ほかの人々を目覚めさせ、エネルギーを与える力を持ちます。

[上層] 平和と信頼の中でのコミュニケーション
ブルー：平和で穏やかな心を持ち、内なる対話ができます。ブループリントとつながり、人生の中でそれを表現していきます。自分や周囲を信頼しているので、自由な表現ができます。上下関係などの権威の問題を克服し、コミュニケーションを通して、人との信頼を築いていきます。

[シェイク] 2つの側面の統合
バイオレット：人生の目的と使命をエネルギッシュに行動し、ブループリントを現実化します。精神世界と現実世界とのバランス、内なる女性性と男性性など、二極を統合していきます。自分やほかの人を癒して変容させ、周囲に奉仕します。

ブルー／レッド

シェイクカラー：バイオレット

使用部位：胴体全体（背中まで帯状に）、髪の生え際全体

Ⓣ 頭を天に、足を地に。平和のコミュニケーションへの目覚め。

Ⓐ 頭は天に、足は地にあることが私にはわかります。私という存在の中心に注意があり、思考は休んでいます。

このボトルを選んだあなたへのメッセージ

大地にしっかり足をつけることで、天からアイデアや計画を受け取り、現実化していくことができます。どのような状況でも地に足がついていると、目覚めた状態で適切な行動ができます。心と思考が平和であるほど自分らしく生きられ、あなたは「地上に天国をもたらす」ことができます。それは周囲への奉仕にもつながります。大地と天の2つのエネルギーは、すべての創造のエッセンスになります。

＊ブループリント：誕生前に決めてきた人生の計画、青写真。

The Fountain

泉

ハートからわき出る知恵が道を照らす

B31

[選んだあなた] 泉のように、知恵と歓びがハートからあふれる
過去の経験で多くの恐れを克服してきて、自分の内側に知恵とパワーの泉を見つけることができます。心に歓びを持ち、人々に知恵をわかち合い、それを教えることができます。芸術や科学が好きで、自然を愛します。

[下層] 経験からの知恵と内なるパワー
ゴールド：あなたは、魂の深いところで過去の経験による知恵を持ち、識別力を携えています。恐れを克服していて、内なるパワーを正しく使えます。また、自分自身を知ることに深い歓びを感じます。自分の真の価値を理解し、自分自身を輝かせ、歓びと知恵を周囲へ広げていきます。

[上層] 自然との一体感を感じ、調和とゆとりを持つ心
グリーン：豊かな感性を持ち、自然を心から愛して理解し、その中にある真理を探求します。周囲の状況や感情に振り回されずに自分のスペースを持ち、調和がとれています。時間と空間を大切にして、心にゆとりがあります。広い視点から客観的に見て、人生の真の方向を選択できます。

[シェイク] 知恵がハートの泉からわき上がる
オリーブグリーン：ハートの苦みを、喜びという甘みに変容させていきます。ハートを通して人生の知恵が得られます。どのような状況でも希望の光を見いだし、人生の道に光をあて、決断し、歓びを持って進みます。周囲の人々を思いやり、心からのリーダーシップをとることができます。

グリーン／ゴールド

シェイクカラー：オリーブグリーン

使用部位：胸とおへその間の周囲全体
（背中まで帯状に）

Ⓣ ハートの知恵。自己の深みの内側からわき出る最も深い喜びのためにスペースをつくる。

Ⓐ 恐怖と不安という感覚すべてを手放し、私のハートで輝いている新しい光に向かって自らを開いていきます。

このボトルを選んだあなたへのメッセージ

あなたの心の中には庭園があり、そこに知恵と力の泉がわき出ています。もしあなたが過去や未来のことを考え過ぎてとらわれてしまうと、今使えるパワーを失ってしまいます。ハートの泉を見つけましょう。今、ハートはどんな感じがしますか？ 心を感じて自分だけの庭園に入り、そこに太陽の光が注がれるのをイメージしましょう。ハートが温まり開かれると、知恵とパワーが泉のようにわき上がります。本来のあなたが輝きはじめます。

Sophia
ソフィア

B32

バランスがとれた敏感な感性と知性

[選んだあなた] 内なる知恵を伝達する

ソフィアは星の女神の名前です。あなたは自然の力を知り、夜空のような神秘的なものを深く見て真理を理解する、知恵を持っています。また、その知恵をほかの人々に伝える、コミュニケーション能力があります。そして、今のこの、瞬間、瞬間を生きています。

[下層] 知恵と識別の力

ゴールド：学んだ知識が知恵になり、見せかけに惑わされない識別力を携えています。自分を知ることに歓びを感じ、自分の価値を理解し、自分自身を輝かせていきます。恐れを克服していて、パワーを正しく使えます。

[上層] 深く見て感じ取る、敏感なセンサー

ロイヤルブルー：思い込みの制限から自由になり、自分と世界をはっきり見ることができます。隠れた神秘的なものを理解し、物事を深く見て感じ取る、敏感な感覚器官を持っています。インスピレーションを感じやすく、明晰な思考力と高いコミュニケーション能力があります。

[シェイク] あらゆるレベルでのバランス

グリーン：思考と感情、理性と感性、知恵とインスピレーションのバランスがとれています。真実を見抜き、真の方向性を見いだすことができます。ロイヤルブルーとゴールドは補色で、この2色を統合するとすべての色を含んだディープマゼンタにもなり、あなたの無限の可能性を表します。

ロイヤルブルー／ゴールド

シェイクカラー：グリーン、ディープマゼンタ

使用部位：頭からおへそまでの間（背中まで帯状に）

㉠内側に存在する知恵に関する明快さ。スターからのメッセージ。

Ⓐ私は、私という存在に明晰さをもたらす深い歓びと平和に開いていきます。

・このボトルを選んだあなたへのメッセージ・

夜空に星の輝きを見るように、あなたは神秘の中に知恵を見いだすことができます。夜空の星はあなたが進む方向性を示してくれます。お腹まで深く息を吸い込み、お腹にある星が輝くのをイメージしましょう。内なる深い平和と深い信頼を持ち、あなたの中の星の女神を感じてみましょう。静寂の中、その声に耳を傾けると、今必要なメッセージを受け取ることができます。進む方向性をはっきり見て、感じ取ることができます。

Dolphin/
Peace with a Purpose
ドルフィン／目的のある平和

B33

自由でクリエイティブな表現、平和な魂

［選んだあなた］平和と創造性を表現する
イルカには食べ物や住む家の心配がありません。そのため遊び心を持ち、個性的で自由な創造性を発揮します。あなたもイルカのように心配から解放され、平和で自由です。平和を伝える穏やかな心と遊び心を持って、クリエイティブな能力を発揮し、豊かにコミュニケーションをしていきます。

［下層］ハートからの自由で創造的な表現
ターコイズ：内なる教師とつながり、心の声を聞き、自由に感情を表現していきます。自分の個性を発揮してクリエイティブに、芸術的表現などを通して、ハートから多くの人とわかち合うことができます。マスメディアやコンピュータで表現する才能を持っている場合もあります。

［上層］敏感に感じ取り、受け取る力
ロイヤルブルー：イルカのように目に見えないものも感じ取る、敏感な感覚器官とセンサーを持ちます。神秘的なものを見る力があり、インスピレーションを受け取り、高い次元からのメッセージを受け取ることができます。

［シェイク］多彩なコミュニケーションと創造性
ブルー：直観やアイデアを受け取る力があり、ハートからコミュニケーションができます。明晰な思考と豊かな感性、創造性と高いコミュニケーション能力があります。父親との関係や上下関係の権威の問題は克服され、内面に平和を持って表現します。周囲の人々に信頼感と平和を与えます。

ロイヤルブルー／ターコイズ

シェイクカラー：ブルー

使用部位：喉とあご、肩の周り、頭髪の生え際、額、胸周り（背中側まで帯状に）

Ⓣ 明晰性と遊び心。自発性と喜び。はっきりと表現されたハートからのコミュニケーション。

Ⓐ 吸う息とともに平和を、吐く息とともに平和を。私は余りにも深刻に自分自身を受け取りません。

このボトルを選んだあなたへのメッセージ

あなたはイルカのような遊び心や創造性を持ち、自由に表現することができます。ひとりで楽しむことも、多くの人とのわかち合いに喜びを感じることもできます。もしほかの人たちの輪になじめず、寂しさや孤独感があるとしたら、あなたのハートの声を聞き、自分自身とコミュニケーションしてみましょう。あなたの心や思考が平和であるほど、あなただけの個性や独自性が開花し、創造性豊かに外の世界へ広がっていきます。そうして、多くの人々に発信していくことができるでしょう。

Birth of Venus

ヴィーナスの誕生

B34

愛と美がもたらす自由な創造性

[選んだあなた] 内面に秘めた女神の目覚め

ヴィーナスは愛と美の女神です。あなたは内面に愛と美の力を秘めていて、豊かな愛情表現ができ、人に愛を与え、愛を受け取ることができます。周囲の人々に愛による癒しや奉仕を実践できます。また、自分を信頼して自立しています。人生の中に隠された神秘を理解することができます。

[下層] 芸術の才に富む、自由な創造性

ターコイズ：海を愛し、自分のハートと深くつながっていて、自由に感情表現ができます。遊び心と豊かな創造性を持ちます。芸術的なことに才能があり、多くの人に向けて自分の個性をクリエイティブに表現します。マスメディアやコンピュータでの表現が得意な場合もあります。

[上層] 無条件に受け入れ、愛する心

ピンク：温かさと思いやり、愛にあふれています。自分自身や周囲を受け入れ、無条件に愛することができます。満たされない愛に対する怒りや不満を克服していて、意識的に目覚めており、女性的な直感があります。

[シェイク] 女性性と男性性の統合

ライトバイオレット：神秘的なことを理解する力があります。自身の両親からの影響を強く受けていて、内なる子どもが癒されています。女性性と男性性の側面を統合し、愛と美の世界を創造的に表現していきます。繊細で感受性が豊かで、インスピレーションにあふれています。

ピンク／ターコイズ

シェイクカラー：ライトバイオレット

使用部位：胸周りから下腹部まで（背中や腰まで帯状に）、髪の生え際

Ⓣ 美につながる、存在の感じる側面の中から自己受容を通して、自己出現の中にある美につながる。

Ⓐ 私は自分自身の内側にある美を理解します。私はどこにいようとも自分自身を受け入れようとするあたたかさと配慮をもって自らを育みます。

このボトルを選んだあなたへのメッセージ

心から愛を表現することを学び、実践してきたあなたの内側で、「ヴィーナスの誕生」の絵のように海から神秘的に女神が誕生しようとしています。女神は高い感性を持ち、神秘や直観を受け取り、愛と美を感じて、愛を受け取り与える女性的側面を持ちます。あなたの中の女神の側面を受け入れていきましょう。内なる女神が目覚め、神秘とつながり、クリエイティブに世界へ表現していくことができます。

＊内なる子ども：大人の中にある、子どもの側面。子どもの頃の問題や傷。

Kindness

親切心

無条件の愛を持って奉仕する心

B35

[選んだあなた] 癒しと奉仕の心で、愛を実践
自分自身とほかの人を受け入れ、すべての人々への平等な親切心、愛と思いやりを実践できます。自分自身を無条件に受け入れることで、癒して変容することができ、愛によって人々を癒し変容させる力があります。ほかの人の役に立ちたいと願い、奉仕することで自分自身も癒されます。

[下層] スピリチュアリティを奉仕として実践
バイオレット：奉仕の精神と高い精神性を持ち、熟考や瞑想を通して、自分の人生の目的と使命に目覚め、それを実践することができます。ヒーリングの才能を持ち、自分や人に癒しと変容をもたらし、奉仕します。

[上層] 小さな親切心から発する無条件の愛
ピンク：愛にあふれて温かさと思いやりを持っています。愛が満たされない不満や怒りを克服していて、ありのままの自分と周囲を受け入れ許しています。意識が目覚めていて女性的な直感を持って行動し、小さい親切心から無条件の愛へ至ります。あらゆる執着を手放しています。

[シェイク] 奉仕の精神で、愛と配慮をもたらす
マゼンタ：意識が目覚めて、癒しと変容がもたらされています。日常の小さなことに愛と配慮を持って行動し、人々を思いやり、配慮し、奉仕していくことで、天からの大きな愛に気づいていくことができます。ほかの人をケアするように、自分自身をケアすることができます。

ピンク／バイオレット

シェイクカラー：マゼンタ

使用部位：全身(背中まで帯状に)

Ⓣ変容させる力がある。超然としている。人への奉仕の中にある無条件の愛。天からの愛。

Ⓐ私は変容のプロセスにいます。そして私が自ら変容しようとするとき、私はほかの人にも変容の可能性を与えます。

・このボトルを選んだあなたへのメッセージ・

あなたは人々に分け隔てなく親切にして、愛を実践してきました。気がつかないうちに、人々を愛で癒していたり、奉仕とたくさんの愛のエネルギーを与えているでしょう。もし与え過ぎて疲れてしまったら、自分自身を配慮して、ケアしていきましょう。天から愛されていることを知り、神聖な愛を受け取っていくイメージをしましょう。自分自身をケアして癒していくと、無理なく周囲へ愛と奉仕をもたらしていくことができます。

＊変容：ネガティブな側面がポジティブな質へと変わって、高まっていくこと。

Charity

慈悲心

愛にあふれ、慈悲を持って人々に奉仕

B36

[選んだあなた] 愛と慈悲心による癒しと奉仕

内なる子どもが癒され、自分の人生の目的に気づいています。天からの大きな愛を感じることができ、愛の力と慈悲心を持ち、人々を癒し、奉仕します。感じ取った直観を実践していくことができます。あなたがいるだけで、周囲に愛と癒しを与え、ポジティブな方向へ変容をもたらします。

[下層] 無条件に受け入れ、愛する心

ピンク：魂の深いところで愛にあふれて、温かさと思いやりを持っています。自分自身や周囲を受け入れ、無条件に愛します。満たされなかった愛に対する不満や怒りを克服していて、すべてを許し、あらゆる執着を手放しています。意識が目覚めていて、女性的な直感を持ち行動します。

[上層] スピリチュアリティを奉仕として実践する力

バイオレット：奉仕の精神と高い精神性を持ち、熟考や瞑想を通して、自分の人生の目的と使命に目覚め、それを実践することができます。ヒーリングの才能を持ち、自分やほかの人に癒しと変容をもたらし、人々に奉仕します。

[シェイク] 奉仕の精神で、愛と配慮をもたらす

マゼンタ：愛と思いやりを持って人々を癒す力があります。天からの大きな愛を感じることができ、自らも癒されていきます。日常の小さな事柄や、身の回りのものへ愛と配慮を実践し、周囲に奉仕していきます。ほかの人をケアするように、自分自身をケアすることができます。

バイオレット／ピンク

シェイクカラー：マゼンタ

使用部位：全身（背中まで帯状に）

Ⓣ 自分に対する思いやり、あたたかさ、親切が世界に広がる。

Ⓐ 私は自分自身と自分が成り得るものの間にあるすべての仮面と層を手放します。

このボトルを選んだあなたへのメッセージ

あなたが考え、深く信じていることが、周囲の状況に映し出されています。自分は愛されないと信じていると、そのような状況を現実に引き寄せてしまいます。自分自身を受け入れてやさしくするほど、周囲の人もあなたを受け入れ、やさしくしてくれます。自分の中にある愛に目覚めていきましょう。自分を受容するほど癒され、人生の目的へと目覚めていきます。無理なく愛があふれ、周囲へ愛と奉仕をもたらしていくことでしょう。

＊内なる子ども：大人の中にある、子どもの側面。子どもの頃の問題や傷。
＊変容：ネガティブな側面がポジティブな質へと変わって、高まっていくこと。

The Guardian Angel
Comes to Earth

地上に降りた守護天使

B37

平和な心で受け取る天からのメッセージ

[選んだあなた] 高い理想と目的を持ち、人生を創造する
平和的な心で、高い理想を追い求めます。美的感覚に優れ、インスピレーションを受け取り、創造性を発揮します。創造的な表現によって自ら癒され、周囲の人を癒します。人々とうまくコミュニケーションができます。自分を信頼して、課せられた責任を果たすことができます。天から守られているという平和の中で、変容していきます。

[下層] 平和の中でのコミュニケーション
ブルー：平和で穏やかな心で、自分自身と対話することができます。明晰な思考と表現力があり、自分や周囲を信頼してコミュニケーションをとり、信頼関係を築いていきます。上下関係などの権威の問題や悲しみは克服されています。

[上層] 高い精神性と理想を奉仕として実践
バイオレット：高い理想や精神性から、熟考や瞑想を通して、人生の目的と使命に目覚め、それを実現することができます。ヒーリングの才能を持ち、自分や人々に癒しと変容をもたらし周囲へ奉仕します。

[シェイク] 深く見て感じ取る、高いコミュニケーション能力
ロイヤルブルー：感覚器官が冴えていて、物事を深く見て感じ取る、敏感なセンサーを持つことを表しています。ものの見方や思考が明晰です。隠れた神秘的なものを見る力を持ち、インスピレーションを感じやすく、高いコミュニケーション能力があります。

バイオレット／ブルー

シェイクカラー：ロイヤルブルー

使用部位：首や喉の周り、頭髪の生え際全体

Ⓣ変容の力を持ったコミュニケーション。滋養と平和に満ちたコミュニケーションが人にも自分にも役立つかもしれない。

Ⓐ私は私にやってくるものがなんであろうともすべてにオープンで受け入れる用意ができています。

このボトルを選んだあなたへのメッセージ

自分で気づいていなくても、守護天使はあなたを守り、導いてくれています。思い込みの観念や思考を手放し、心と思考が平和であると、天使からのメッセージや、インスピレーションを受け取ることができます。守護天使の聖なる守護に気づくと、深い平和が訪れ、癒され変容していきます。神聖なプランを受け取り、人生の目的がはっきり見えてきて、それを表現していくことができるでしょう。

＊変容：ネガティブな側面がポジティブな質へと変わって、高まっていくこと。

Troubadour II/ Discernment

B38

吟遊詩人II／識別

頭とハート、思考と感情のバランス

[選んだあなた] 高い精神性と豊かな感性
精神性が高く、女性的な直観力と感性が豊かで、吟遊詩人のような創造的な表現の才能を持ちます。隠された神秘を探求して、真理を見いだします。感情を創造的に表現していくことで、ハートは癒されています。親しみやすく、周囲に安心感を与え、人々を心から思いやり癒す力があります。

[下層] 感性を大切にして、進む道を感じ取る
グリーン：自然を愛し、内なるバランスがとれています。感性豊かで、感じるための自分のスペースを持ち、時間を大切に使うことができます。広い視野から物事を見て、真実を探求し、正しく人生の道を選択していきます。

[上層] 人生の目的と使命を理解し、実践する力
バイオレット：奉仕の精神と高い精神性を持ち、熟考や瞑想を通して、自分の人生の目的と使命に目覚めて、それを実践することができます。ヒーリングの才能を持ち、自分やほかの人に癒しと変容をもたらし、人々に奉仕します。

[シェイク] 思考と感情のバランスがとれ、真実を表現
ディープグリーン：頭とハートがつながり、物事を識別できます。思考と感情、無意識と意識の2つのバランスがとれています。ハートで感じ、物事の中にある真実を理解し、表現していきます。悲しみや、上下関係の権威の問題は克服され、平和の中で人生を創造していきます。

バイオレット／グリーン

シェイクカラー：ディープグリーン

使用部位：胸周り（背中まで帯状に）、頭髪の生え際全体

①過去の困難を手放すことで、ハートが自由に真実を表現でき、自己の中にある変容へと導く。

Ⓐ私は自分自身と自分の感情との間にあるレッテルすべてを取り去ります。

・このボトルを選んだあなたへのメッセージ・

深く思考でき、感受性豊かなあなたは、神秘の中にある真実を感じ取り、創造性豊かに表現していきます。考え過ぎて、心がどう感じているのか見失ったときは、思考を手放し、頭を静かにして、ハートを感じてみましょう。真実を知る場所はハートです。ハートが癒され開かれていくと、自分の本当の心が感じられ、真の方向性が見えてきます。思考と感情が平和であるほど、頭とハートはつながって、識別することができます。

＊吟遊詩人：中世のヨーロッパで、神秘の中にある真実を、歌や踊りで表現しましたが、教会の教えと反するため迫害されたといわれています。
＊変容：ネガティブな側面がポジティブな質へと変わって、高まっていくこと。

Egyptian Bottle II/ The Puppeteer

エジプシャンボトルII／操り人形師

B39

自己価値を知ることによる、癒しと変容

[選んだあなた] 知恵による癒しと変容
過去の経験に基づく知恵を持ち、それを人々へ伝えることができ、自分自身やほかの人々を癒す力があります。自己否定や幻想を手放していて、明晰に識別することができます。自分自身の癒しと統合という大きな変化を経験することで、周囲や世界を変える力を持ちます。

[下層] 過去からの知恵と自己価値につながる
ゴールド：魂の深いところで過去の経験による知恵を持ち、物事の識別力があります。自分を知るほど、深い歓びが感じられます。自己価値を理解しており、自分を輝かせたいと願っています。恐れや混乱を克服していて、自分のパワーを正しく使えます。人々と知恵をわかち合います。

[上層] 人生の目的と使命の理解と実践
バイオレット：奉仕の精神と高い精神性を持ち、熟考や瞑想を通して、自分の人生の目的と使命に目覚めて、それを実践することができます。ヒーリングの才能を持ち、自分を癒し変容させることができ、ほかの人にも癒しと変容をもたらし、人々に奉仕します。

[シェイク] 深い理解による、過去の解放と変容
オレンジ：頭と腹部(真のオーラの輝く場所)がつながり、過去に感じた深い恐れや混乱、ネガティブなパターンから解放されていきます。自分を深く知る中で自己の変容が起きています。学んだこと、知恵を人に教えることができます。

バイオレット／ゴールド

シェイクカラー：オレンジ

使用部位：腹部(背中まで帯状に)、頭髪の生え際全体

Ⓣ 変容の知恵。変容の経験の結果としての深いレベルでの歓び。知恵と奉仕、慈悲と理解。

Ⓐ 私は自分の内側を深めていく学びの過程にあり、そこから私はわかち合うたくさんのものがあることを知ります。

このボトルを選んだあなたへのメッセージ

深い思考力を持つあなたは、時として考え過ぎて、混乱や不安を感じることがあるかもしれません。思考に縛られる操り人形のように、同じパターンをくり返していませんか。真のオーラを輝かせて、自分自身を生きましょう。思考を手放して、お腹まで深く呼吸をしましょう。あなたの真のオーラは輝き、内側から「知っている」という感覚がわき上がり、過去からの深い知恵へとつながっていきます。

＊真のオーラ：魂の色の輝き。人生の目的、才能の情報を持っています。
＊変容：ネガティブな側面がポジティブな質へと変わって、高まっていくこと。

I Am

アイ アム

B40

自立し、エネルギッシュに人生を創る

[選んだあなた] 知恵を実践し、人生を創り出す
過去の多くの経験に基づく知恵を持ち、自分を深く知り、知恵を実践することができます。実体験から分析し、計画を立て、正しく決断する力があります。地に足がついて、深い直観と深い洞察力を使いエネルギッシュに実行します。楽しみながら人生を創造し、自己実現していきます。

[下層] 過去からの知恵の光で輝く
ゴールド：魂の深いところで、過去から知恵を携えてきています。自分の価値を見つけ、歓びを持ち、内側から輝いています。理由のわからない深い恐れや混乱を克服し、自分の能力を適切なところで正しく使うことができます。物事の正しい識別力と決断力を持ち、知性があります。

[上層] エネルギッシュな行動力とリーダーシップ
レッド：怒りやフラストレーションを克服しており、知恵を現実面で使いこなし、正しく行動することができます。自分を犠牲にしても、ほかの人へ愛を与えることができます。自分の可能性に目覚め、たくさんの愛と情熱を持ち、リーダーシップをとってさまざまなことを実践します。

[シェイク] 内側からの深い洞察
オレンジ、コーラル：過去の古いパターンや執着を手放して、自分に自信を持ち、自立しています。経験から学び、物事を深く洞察して、それを人々に教え、豊かな人間関係と人生を築いていきます。愛と知恵を使って、目覚めた意識で行動します。

レッド／ゴールド

シェイクカラー：オレンジ、コーラル

使用部位：みぞおちの周囲（背中側まで帯状に）から下

星座：牡羊座

㊀知恵のエネルギー。知恵の結果としてのエネルギー。広がり、情熱、成長の感覚。

㊁私は人生のこの状態、状況、条件に'イエス'といいます。

このボトルを選んだあなたへのメッセージ

過去の思いにとらわれたり、未来のことを心配したりすると、心がここにない状態になり、今使えるエネルギーを失ってしまいます。地に足がついているのを感じ、今この瞬間を生きましょう。大地のエネルギーが上昇して、真のオーラの輝きを強めます。本当の自分に目覚めて、心と身体がともにある「私は、今ここに存在する」状態になり、自己実現がなされます。唯一今、ここ、この場所が、あなたのエネルギーとパワーを正しく使えるところです。

＊真のオーラ：魂の色の輝き。人生の目的、才能の情報を持っています。

Wisdom Bottle/
El d' Orado

叡智のボトル／黄金郷

B41

知恵で磨かれ、卓越した識別能力

[選んだあなた] 内側にあふれる知恵と、深い歓びに出会う
人生の困難な状況から学び、理解し成長することができます。過去に学んだ知識と経験を理解し、消化して知恵にして、その知恵を人々に伝える教師の質を持っています。肯定的に物事をとらえ、識別して行動します。見知らぬ世界に飛び込み、恐れず冒険してやりとげます。深く自分を知ることのプロセスに歓びと達成感が得られます。

[下層・上層・シェイク] 過去からの知恵の光で輝く
すべてゴールド：魂の深いところで多くの経験から学び、理解力と知恵を携えてきています。明晰な目で世界を見つめ、宇宙の知恵のリズムと法則性を理解し、物事の本質を見抜く識別力があります。自分を知るプロセスを通して、真のオーラを輝かせ、才能や資質を開花させることができます。

✣

自分の価値を信頼し、歓びを持って内側から輝いています。理由のわからない深い恐れや混乱を克服し、明晰性を得て自分の能力とパワーを正しく使うことができます。腹がすわっていて何事にも動じず、深い決断力があります。正義感が強く自分が出るべきときに前へ出る勇気があります。

✣

自己非難やエゴを手放していて、人々や周囲の状況を決めつけることなく、ポジティブに世界を見ることができ、深い歓びと幸せを感じることができます。冒険や苦難を通して磨かれ、黄金郷（エルドラド）は自分の内面にあることを知っています。知恵と歓びを人々とわかち合います。

ゴールド／ゴールド

シェイクカラー：ゴールド

使用部位：みぞおちの周囲（背中側まで帯状に）

ニューイーオンチャクラセット

Ⓣ 自分自身の内側のカップを満たせば、それが世界中にあふれる可能性。認識され、わかち合われる知恵。

Ⓐ 私は虹の端にある金を私の前に見ます。私の存在全体が光で満たされはじめます。

・このボトルを選んだあなたへのメッセージ・

過去から培われた知恵と価値ある輝き、あなたの真のオーラは、大切に内側に秘められています。呼吸を深くして、真のオーラに触れるとき、黄金郷を見つけたような歓びがやってきます。それは黄金のように、時を経ても変わらない輝きです。知恵とつながり、内側からの「知っている」という感覚を信頼しましょう。真の情報は内側からやってきます。自分の価値を受け入れるほど、真のオーラが輝き外へあふれ出します。

＊エルドラド：黄金郷。昔、人々は膨大な宝があるという伝説の街エルドラドを目指したといわれます。彼らは旅によって大切なことを学び、それは宝になりました。
＊真のオーラ：魂の色の輝き。人生の目的、才能の情報を持っています。

Harvest

収穫

B42

自己を知り、幸福な光で周囲を照らす

[選んだあなた] 太陽のような明るさ、自分を知る喜び
太陽のような明るさと陽気さを周囲へもたらす人です。不安や恐れを克服していて、喜びや楽しみを周囲の人々へも分け与えることができます。喜びを持って知識を学び、多くの情報を消化吸収して理解するとともに、自分自身を知り、よく理解しています。知性豊かでユーモアがあります。

[下層・上層・シェイク] 収穫のための太陽の光
すべてイエロー：明確な自分の意志があります。学ぶことが大好きで、習い事にトライしたり、情報収集をして、自分を知ることに喜びを感じます。知的な思考力と分析力、判断力と決断力があります。自分や周囲をエゴから決めつけることなく、明晰に見ていけます。現実に起きている出来事からも学び、自分自身をよく知っていきます。

❋

考えすぎによる不安や心配や、自意識による緊張を克服して、明るさ、陽気さを持っています。混乱を克服することで明晰性を得て、人生の出来事を理解していきます。どのような状況でもポジティブな側面を見いだし、日常の中に幸せと喜びを感じることができます。

❋

自分が本当は何を望んでいるのか、どのような種を植えたいのかを明確にしていくとこができます。自分の才能の種をまいて育てていくと、それはいつか実になり、植えた種の持つ最大限の可能性を大事に育み、受け取ることができます。収穫の満足感と幸福感が得られます。

イエロー／イエロー

シェイクカラー：イエロー

使用部位：みぞおちの周囲（背中側まで帯状に）、頭髪の生え際全体

拡張チャクラセット（第3チャクラ）

Ⓣ 自己認識、喜び、幸福、知的明晰性。自分を理解すること。

Ⓐ 私は私に与えられた知識の中に歓びを抱きます。私は存在していることの明るさを感じます。

このボトルを選んだあなたへのメッセージ

自分を知り、自分にふさわしい種をまきましょう。新しいことをするときに感じる「不安」と「喜び」はどちらもイエローが表す意味です。準備ができていないときの不安は、正しいサインです。適切な準備をしましょう。準備は済んでいるのに不安を手放せずに立ち止まっていると、恐れは大きくなります。今できることを、楽しみながらやってみましょう。失敗も経験となり、次の収穫の基盤になります。種をまくことで、やがて収穫の喜びが訪れます。

Creativity

創造性

B43

ハートに忠実な表現、豊かな創造性

[選んだあなた] 心からの創造的な表現
自分の感情やハートと深くつながり、自分は誰なのかを知り、自分の個性を見いだしていくことができます。感情表現が豊かで、言葉以外による、創造的で芸術的な表現の才能があります。人生の流れを信頼していて、心が柔軟で、新しいことをスムーズに受け取ることができます。

[下層・上層・シェイク] ハートからのコミュニケーション
すべてターコイズ：自らのハートの内なる声を聞くことができ、内なる教師とつながって、すべての答えを感じ取ることができます。そのフィーリングを信頼でき、感じたことを表現して、大勢の人とそれをわかち合えます。感情を表現することの緊張や困難さを克服しています。

＊

感受性が強く、遊び心と自由な発想力があります。独創的で創造性にあふれ、絵や音楽、ダンス、デザイン、料理など、創作や芸術的な表現や、言葉を超えた表現の才能があります。コンピュータやマスメディアの才能を持っている場合もあります。自分の個性を社会全体へと生かします。

＊

水瓶座の新しい時代を生きる人です。自分の内側に答えがあることを知っています。内なる心の声に従い、自分の人生を自由に選択し、創造して、その責任を自分でとることができます。個としての自分を持ったうえで、周囲の人々とつながりシェアできます。クリスタルや植物の精霊、天使の意識を感じ取り、一体感を持つことができます。

ターコイズ／ターコイズ

シェイクカラー：ターコイズ

使用部位：胸周り（背中側まで帯状に）

ニューイーオンチャクラセット

星座：水瓶座

Ⓣ 存在の感じる側面を通した創造的なコミュニケーション。個性化のプロセスが開く。

Ⓐ 私は流れの中にいます。私は人生の流れの中の気づきを制限するすべてのものを手放します。

このボトルを選んだあなたへのメッセージ

水の流れのようによどみなく、感情を感じて表現していくと、深い意識に触れて、本当はこうしたかったという真実がわかります。大きな時代の流れは、水のように透明な「水瓶座の時代」へ移行しています。その透明性は、すべてを浮かび上がらせます。もう自分に嘘をついたり、真実を隠したりすることはできません。濁りが取り払われ、ひとり一人の色の輝きがクリアになります。感情に素直になり、あなたの個性と創造性を自由に表現し発揮していきましょう。

＊水瓶座の新しい時代：占星術での大きな時代のサイクル上の、西暦2000年前後から始まる新しい時代。

B44

The Guardian Angel
守護天使

守られている平和の中での大きな変容

[選んだあなた] 天使のような神聖な意識
自分の神聖さに気づいている、天使のような人です。自分自身やほかの人を癒し、大きな移行と変容に導くことができます。平和と信頼をベースに、炎のような資質で、ネガティブなものをポジティブに変容させることができます。悲しみは癒され、高い理想を持って周囲へ奉仕していきます。

[下層] 平和の中でのコミュニケーション
ペールブルー：魂の深いところで守られていることを感じ、平和と穏やかさを持ち、自分自身と対話できます。明晰な思考と表現力があり、自分や周囲を信頼してコミュニケーションができます。天の意志、ブループリントを理解し、内面の平和を外に向けて表現していきます。

[上層] ポジティブな質への大きな変容
ライラック：高い精神性と奉仕の精神を持ち、熟考や瞑想を通して、人生の目的と使命に目覚め、それを実践することができます。思考や感情の変容と、あらゆることの大きな変容を受け入れ、周囲に変容をもたらすことができます。

[シェイク] 微細に感じ取り、高次元とつながる
ペールロイヤルブルー：思い込みの制限を手放して、ものの見方や思考が自由になっています。敏感な感覚器官で見えない世界を感じることができます。隠れた神秘的なことへの理解があり、インスピレーションを受け取りやすく、高いコミュニケーション能力があります。

ライラック／ペールブルー

シェイクカラー：ペールロイヤルブルー

使用部位：首と喉の周り、頭髪の生え際全体

Ⓣ 在るという感覚。瞬間に在ることで、明晰性がコミュニケーションの中に現れる。

Ⓐ 私は私という存在の明るさを感じます。私は守られている感じがし、私を取り巻いているすべての力ができる限り最善の方法で私を支えているのを感じます。

・このボトルを選んだあなたへのメッセージ・

このボトルの名前の「守護天使」のエネルギーを感じましょう。目を閉じて、呼吸のたびにペールブルーの光が、身体の周りとオーラ全体を包み込んでいくのをイメージします。ブルーの完全な保護の球体の中、思考や感情を手放します。ブルーの球体の外側にペールバイオレットの炎が燃えています。この炎はネガティブなものを焼きつくして、ポジティブな光へと変容していきます。炎が消えたと感じたら目を開けます。イメージ通りのことが起きています。

＊天の意志：個人（エゴ）を超越した大きな意志。　＊ブループリント：誕生前に決めてきた人生の計画、青写真。
＊変容：ネガティブな側面がポジティブな質へと変わって、高まっていくこと。

Breath of Love

ブレス オブ ラブ

B45

与え、受け取る、愛のバランス

[選んだあなた] 愛と美を与え、受け取ることのバランス
直感力と感受性が豊かで、美を愛し、クリエイティブな表現ができます。芸術的表現によって、自分や人々に癒しをもたらします。日常の小さな事柄にも愛と思いやりを与え、多くの人々とともに愛と美をわかち合うことができます。

[下層] 細やかな愛情と配慮を、日常にもたらす
マゼンタ：魂の深いところで細やかな愛情と配慮を持ちます。細部によく気がつき、日々の生活の中に気遣いを見せ、些細な物事に愛情をかけることができます。周囲の人々にも細やかな愛を注ぎます。美しいものを愛し、日常の中に天の神聖な愛と美があることを理解しています。

[上層] ハートからの自由で創造的な表現
ターコイズ：自らのハートの声を聞くことができ、すべての答えを知ることができます。感じたことを素直に表現することができ、大勢の人とわかち合いたいと願っています。自由な発想と創造性、芸術的な才能があり、自分の個性を世界に発揮して生かすことができます。

[シェイク] 愛と感情の癒しと変容
バイオレット：繊細さと高い感性でさまざまなことを敏感に感じ取り、クリエイティブに、美的に表現することができます。また、創造的な表現をすることで自ら癒されています。今までの愛と感情は癒され、よりポジティブな質へと変容しています。

ターコイズ／マゼンタ

シェイクカラー：バイオレット

使用部位：胸周り、腹部（背中側まで帯状に）

Ⓣ 存在の感じる側面に関して天からの愛に開く必要性。瞬間瞬間に、息を吸い、息を吐くというギフト。

Ⓐ すべてはありのままで美しい。

このボトルを選んだあなたへのメッセージ

愛は呼吸と同じで、受け取るばかり、与えるばかりでは苦しくなります。あなたは周囲に細やかな気遣いと愛を与えられる人です。あなたも天から同じように愛され配慮されて、生かされています。天から神聖な愛を受け取るイメージをしてみましょう。大きな愛が感じられ受け取ることができると、ハートは癒され開いていきます。ハートに愛が満たされ、あふれ出し、人々とスムーズに愛と美をわかち合うことができるでしょう。

＊変容：ネガティブな側面がポジティブな質へと変わって、高まっていくこと。

The Wanderer

放浪者

B46

自然体で自由を愛する、愛にあふれた魂

[選んだあなた] どこにいても自分の空間を持ち、くつろぐ自分自身や人々に愛と思いやりを持ち、心を開いています。どのような状況でも、信頼して自分の道を歩き、人生そのものを楽しむことができます。どこにいても自分のスペースを見つけられます。自分の中の子どもの部分とのつながりが強く、自由で率直です。

[下層] 細やかな愛情と配慮を、日常にもたらす
マゼンタ：魂の深いところで、細やかな愛情と配慮を持ちあわせています。細部によく気がつき、日々の生活の中で自然に気遣いをし、愛情深い行動がとれ、周囲の人にも愛を注ぎます。美を愛し、日常の中に、天の神聖な愛と美があることを感じることができます。

[上層] 心のゆとりを持ち、自然体でいられる
グリーン：自然や旅を愛し、自分のスペースと心のゆとりを持っています。どのような状況でも自然体で、周囲に振り回されず、内なる調和がとれています。広い視野から客観的に見て、行くべき方向をハートから決断できます。

[シェイク] 愛と自分の居場所を探し求める旅人
ディープジェードグリーン：旅や自由を愛し、自分のスペースを求めます。天からの神聖な愛を受け取ることのできる、大きなハートの器があります。ハートから愛があふれ出ていて、どのような状況でも、自分の人生のプロセスを信頼して歩む強さを持っています。

グリーン／マゼンタ

シェイクカラー：ディープジェードグリーン

使用部位：胸周り、腹部（背中側まで帯状に）

Ⓣ シンプルさの中にあって、真実を表しているささやかなものへの注意。広がるためのスペースを与えられる思いやり。

Ⓐ 私は私の心の庭にある泉があふれ出るのを感じることに開いています。

このボトルを選んだあなたへのメッセージ

天の神聖な愛は、自然界のすべてに美しさをともない表現されます。あなたは日常の中に神聖な愛を感じ、美を見ることができます。あなたにも大きな愛が注がれています。しっかり大地に立ち、愛を受け取るイメージをしましょう。大地や天からの愛が感じられると、あなたのハートは愛で満たされ開いていきます。心のスペースは広がり、ハートから愛があふれていくことでしょう。あなたはどこにいても愛で満たされ、くつろぐことができます。

Old Soul

古い魂

豊富な魂の経験で、示される新しい方向

B47

[選んだあなた] 神秘を理解する鋭い知性、見えてくる方向性
過去に多くの経験を重ねた古い魂を持ち、神秘的なことを理解する知性があります。人生に明確な方向性を持って行動します。明晰な頭脳と直感的な知恵、豊かな感受性があり、直観と理論、思考と感情のバランスがとれています。

[下層] 過去の経験による、シャープな知性と理解力
レモン：魂の深いところで鋭い知性を携えています。知識を学ぶことが大好きで、自分を知ることに喜びを感じます。恐れや混乱は克服され、明晰性を持っています。個人の意志をはっきり持ち、過去からの経験と知識から、明晰でシャープな思考力、理解力、決断力を発揮します。

[上層] 神秘的なことを深く見て感じ取る、敏感なセンサー
ロイヤルブルー：物事を深く見て感じ取る、敏感な感覚器官を持っています。頑固さや思い込みの制限を手放し、思考が明晰で自由になっています。隠れた神秘を見る力を持ち、インスピレーションを受け取りやすく、高いコミュニケーション能力があります。

[シェイク] ハートの中心から、新たな目標を設定する
グリーン：考えることと感じることのバランスがとれていて、自分のスペースと心のゆとり、内なる調和を持っています。豊かな知性と感性で、物事を広い視野から見て新たな目標設定と方向性を明晰に見いだし、一歩踏み出すことでさらに成長していきます。

ロイヤルブルー／レモン

シェイクカラー：グリーン

使用部位：みぞおちから胸周り（背中側まで帯状に）、頭髪の生え際

Ⓣ 知的な明晰性。ハートのエメラルドを理解するギフト。

Ⓐ 私は機会を最大限に活かします。私はこうした機会が明らかになると歓びを感じます。

・このボトルを選んだあなたへのメッセージ・

幾度もの転生を積み重ね、神秘を理解する「古い魂」を持つあなたは、過去に完結できなかったことが達成できるように、才能というギフトをもたらされて、天から祝福され送り出されてきました。神秘のベールを取り払い、与えられたギフトを思い出しましょう。緊張や思考をゆるめてリラックスし、ハートを感じながら瞑想してみましょう。新たな人生の目的が感じられ、道が見えてきます。あなたのハートが喜び、幸せと感じる方向性を進みましょう。

Wings of Change
変化の翼

B48

苦しみの理解を得て、自分と人々を癒す

[選んだあなた] 癒された翼で人々を癒し、奉仕する
たくさんの経験を積んだことで自分自身が癒され、ほかの人々を癒して助けることができます。ヒーリングや精神療法、心理学に携わることもあります。人生の目的に気づいて、周囲へ奉仕していきます。情熱と表現力があります。

[下層] 浄化と純化をもたらす、クリアーに見る目
クリアー：魂の深いところに光をあて、はっきり自分を見ようとしています。純粋な目で自分と世界を見て、人生での苦しみの原因を理解することができます。流されなかった涙は解放され、浄化されていきます。ほかの人の苦しみも理解でき、自分自身と周囲へ光をもたらすことができます。

[上層] 人生の目的と使命を理解し、実践する力
バイオレット：奉仕の精神と高い精神性を持っています。熟考や瞑想を通して、自分の人生の目的と使命に目覚めて、それを実践することができます。ヒーリングの才能とスピリチュアル理解があり、愛と信頼を持って、自分やほかの人に癒しと変容をもたらし、人々に奉仕します。

[シェイク] 光と癒しで奉仕する翼
ペールバイオレット：浄化と癒しによって、深い悲しみと苦しみは解放され、ネガティブなことがポジティブな方向へ、大きく移行、変容していきます。自分自身が癒されて変容したら、よみがえった翼で人々を癒し、変容をサポートすることができます。

バイオレット／クリアー

シェイクカラー：ペールバイオレット

使用部位：頭髪の生え際、腹部（背中側まで帯状に）

Ⓣ 自己の深みの中の光の理解。意識のマインドの変容。

Ⓐ 光が私を育んでいます。私は満たされているのを感じます。

このボトルを選んだあなたへのメッセージ

クリアーは真珠の輝きと、涙にたとえられる色です。真珠貝の中に砂が入り研磨され、痛みに耐えることで、美しい輝きを持つ真珠が生まれます。苦しみから学び、その原因を理解していくと、溜まった涙は流されて、あなた自身が真珠のように輝きはじめます。あなたの癒しと光の翼も同時に磨かれて輝き、強くなっていきます。そして、苦しみを持つ人をサポートしていくことができます。あなたの翼を輝かせ、羽ばたかせていきましょう。

New Messenger

新たなる伝達者

B49

柔軟性がもたらす、変容へのサポート

［選んだあなた］変容をサポートする力
心に柔軟性があり、新しいことをスムーズに受け取ることができます。感受性が豊かで、創造性と表現力があります。創造的な表現によって癒されていきます。また、ボトルナンバーの「49」は、数秘で物事の周期の終わりを意味する数で、自分やほかの人の変容をサポートできることを表します。

［下層］高い精神性を持ち、人生の目的を実践
バイオレット：繊細さと敏感さ、高い精神性を持ち、人生に高い目標を設定してそれを目指して行動します。自分を癒しほかの人を癒す力があり、奉仕していきます。深い悲しみや孤独感は癒されていきます。ネガティブなパターンや古いことを終わらせ、次へと移行、変容していきます。

［上層］ハートからのコミュニケーション
ターコイズ：自分の内なる声を聞き、すべての答えを知ることができます。ハートから自由な感情表現ができ、水瓶座の新しい時代に向けて、豊かな感受性と創造性で自らの個性を発揮し、世界に表現していきます。芸術やマスメディア、コンピュータでの表現の才能があります。

［シェイク］クリエイティブな表現で、社会全体へ奉仕する
ロイヤルブルー：自己信頼を通して、コミュニケーションと権威の問題などの上下関係は克服され、信頼関係がもたらされます。受け取ったインスピレーションや感情を、自分らしくクリエイティブに表現し、社会に役立たせていきます。

ターコイズ／バイオレット

シェイクカラー：ロイヤルブルー

使用部位：胸周り（背中まで帯状に）、首と喉、肩の周り

Ⓣ 人に奉仕することの中でのハートの創造的なコミュニケーション。

Ⓐ 私は自分自身に向かう旅の過程にいることを感じています。すべての障害が手放されていきます。

このボトルを選んだあなたへのメッセージ

今、時代の流れは水瓶座の時代へと大きな変化の時を迎えています。あなたはこのエネルギーに強く共鳴しています。古いパターンを終わらせ、新しい時代を生きるために、思い込みを手放して頭をやわらかくしましょう。感性のアンテナをのばし、神秘とつながり直観を受け取りましょう。あなたは新たな時代のメッセージを感じ取り、クリエイティブに表現していくことができます。あなたの個性が社会全体に生かされ、奉仕することができるでしょう。

＊水瓶座の時代：占星術での大きな時代のサイクル上の、西暦2000年前後から始まる新しい時代。

El Morya

エルモリヤ

B50

平和な心で天の大きな意志を信頼する

[選んだあなた] 天の大いなる力を信頼する
平和な心と自己信頼を持ち、平和を周囲へ伝えていきます。無私無欲で何事にもとらわれず、全体との一体感を感じて委ねることができます。多彩なコミュニケーションの才能があります。明晰な思考と大きな心を持ち、自身を導いている大いなる力、天の意志を信頼して運命を受け入れています。

[下層・上層・シェイク] 平和の中で、天の意志と調和する
すべてブルー：天から守られているという、大きな平和と信頼感を持ちます。周囲にも、やすらぎと信頼感を与える人です。個人の意志を超えた、大きな天の意志を信頼して、自分の人生の目的や使命を理解し、調和しています。ブループリントを理解し、それを人生で豊かに表現していきます。

※

自己のエゴを手放して、無私無欲で執着がありません。青空のようなすっきりした思考と感情を持ち、内なる対話ができます。多彩な表現力があり、コミュニケーションを通して周囲との信頼関係を築いていきます。人との適切な距離感をもって接することができます。悲しみや孤独感は克服され平和な心を取り戻しています。

※

父親や上司、夫などとの関係性から学び、内なる男性性が統合されています。表現力、責任感と誠実さ、秩序があり、自分の中に正しい権威への認識を持ち、穏やかに表現することができます。母親から女性モデルを学び、自分自身を滋養し育み、ほかの人を養育する大きな器があります。

ペールブルー／ペールブルー

シェイクカラー：ペールブルー

使用部位：喉と首周り

マスターセット

Ⓠ 汝の意志であって私の意志ではない。自分からというより、自己を通してやってくるコミュニケーションを許すためにじゃまをしない。

Ⓐ 私は静かにそして自己の深みの内側から自分自身に言います、'汝の意志であり私の意志ではない' と。

このボトルを選んだあなたへのメッセージ

空と天の色ブルーは、個人の意志を超えた、大きな天の意志です。あなたは天から守られ、ふさわしい学びがなされるよう、人生の設計図を持って生まれてきました。思考のこだわりを手放して、ゆだねましょう。あなたの内側が平和であるほど、そして自分を信頼するほど、神聖な計画を思い出します。自分自身との内なる対話がなされると、周囲の人々へとコミュニケーションは広がります。そして天の意志へとコミュニケーションをとることができます。

＊エルモリヤ：インドの王子で、光明を得た指導者の名前。平和の光で人々を助けることに献身したといわれています。
＊神聖な計画：ブループリント。誕生前に決めてきた人生の計画、青写真。

Kuthumi

クツミ

B51

自己を知り、天と地をつなぐ

[選んだあなた] 自分を知るための知的な探求

情報を収集して知識を探求して学び、自分を知ることや世界を知ることに喜びを感じます。明晰な思考と柔軟な精神を持ち、知性的です。数字に強く、数秘への理解も持ち合わせています。天と地、天使と精霊との、双方向のコミュニケーションをとることができます。

[下層・上層・シェイク] 強烈な自己知と個人の意志

すべてペールイエロー：自己に光をあて、強烈に自分を知りたいと願い、知識欲も旺盛です。自分の意志をはっきり持っています。どのような状況でもポジティブな側面を見いだし、日常の中に幸せと喜びを感じることができます。人々に対しても、進む方向性に光をあて導くことができます。

✤

考えすぎによる不安と恐れや、過剰な自意識による緊張を克服して、太陽のような明るさと陽気さを持ち、周囲を照らしています。混乱を克服して明晰性を得て、明晰な思考力、分析力、決断力があります。人生で起きている出来事を理解し、学びとる力があります。

✤

日常に幸せと喜びを感じられ、知性とユーモアがあり、開かれたマインドを持っています。大地に眠るクリスタルや宝石、自然界の植物や動物の世界を理解し、つながりを持ちます。また、気づかなくても天使や自然界の精霊、ディーヴァとのつながりを持ち、天と地、精霊界と天使界のつなぎの役割をする人です。

ペールイエロー／ペールイエロー	
シェイクカラー：ペールイエロー	
使用部位：みぞおちの周り（背中まで帯状に）	
マスターセット	

① 私たちの上にあるものから下にあるものへの二方向のコミュニケーション。ディーヴァの領域のコミュニケーション。

Ⓐ 私は世界と世界の間に立っています。私は天使の声を聞き、大地のディーヴァのエネルギーとコミュニケーションをとることが私の仕事であることを知ります。

このボトルを選んだあなたへのメッセージ

イエローは、天のブルーと大地のレッドをつなぐ色です。天は私たちを守り、大地は私たちを支えてくれます。天と地の間に立ち、この2つをつなぐのが人間の役割でもあります。あなたは地球上の鉱物、植物、動物たちと触れ合い、気づかないうちにその精霊とつながり、天使への橋渡しをしています。自分を知り、自分の役割を果たすほど、喜びで輝きます。天と大地からの祝福がもたらされてます。

＊クツミ：インドの聖者の名前。アッシジの聖サンフランチェスコや、ピタゴラスとしても転生したといわれています。
＊精霊界：人間を支える、大地と自然の精霊やフェアリーの世界。　＊天使界：人間の世界より高次元の天使の世界。

Lady Nada

レディ ナダ

自分も周囲も受け入れ、無償の愛を送る

[選んだあなた] 無条件の愛で、受け入れる力
"ナダ"はサンスクリット語で聖なる音を意味します。自分自身を受け入れていて、愛を持って内側の神聖なる声を聞き入れることができます。ほかの人々を受け入れ、共感し、愛することで、スピリチュアルな成長をしていきます。意識が目覚めていて、ほかの人の目覚めをサポートします。

[下層・上層・シェイク] あふれる愛と、女性性のエネルギー
すべてペールピンク：愛を持って周囲の人々の話や、必要な音を聞くことができます。大地に根づく力強さと、母親が赤ちゃんを愛するような、温かなやさしいエネルギーで自分や人々の思いを受容し、思いやり、共感し、配慮します。女性的な直観を持って行動します。

✻

母親からの影響を多く受け、無条件の愛と思いやりを人生で学んでいます。繊細で傷つきやすい側面や、愛されない恐れ、怒りや欲求不満を克服しています。こうありたいという自分ではなく、今のありのままの自分自身を受け入れ、認めています。条件をつけることなく自分自身を愛し、愛を受け入れることができます。

✻

同じように周囲の人を無条件に受け入れ、愛を与えることができます。愛を与えることと、愛を受け取ることを通して、スピリチュアルな成長をしていきます。自己の幻影を手放していて、目覚めた目で自分と世界とを見ることができ、集中力があります。あらゆる執着を手放しています。

B52

ペールピンク／ペールピンク

シェイクカラー：ペールピンク

使用部位：腹部の周り（腰まで帯状に）

マスターセット／タントリックイルミネーションセット

Ⓣ 深く、深遠な方法による自己受容のコミュニケーション。

Ⓐ 私は自分がなりたい自分ではなく、ありのままの私を愛します。

このボトルを選んだあなたへのメッセージ

聖なる音は、日常の中にあふれています。友人の言葉の中に、本の中に、音楽の中に、心に響くメッセージを感じたことがあるのではないでしょうか。それはあなたの内なる声の反映です。心に響く音を受け取り、実践しましょう。音や言葉は、言霊として影響力を持っています。厳しい言葉を使うとき、それは自分自身へ反響します。愛の言葉を使うとき、愛が自分と周囲へ反響します。あなたの話す言葉、歌う歌、奏でる音楽が、世界へ愛をもたらします。

＊レディナダ：第6チャクラを司り、聖なる音と目覚め、無条件の愛のマスター。

Hilarion

ヒラリオン

自然と調和して真実の道を歩む

B53

[選んだあなた] 自分の真の道を探求する
開かれた純粋なハートを持ち、自分自身の意志が、天の大きな意志を受け入れて、調和しています。自分の進むべき道に光をあて、人生の真の方向性を知り、正しい時に正しい場所にいて適切に行動します。自然の法則を理解し、自分の内面や周囲とのバランスがとれています。

[下層・上層・シェイク] 自然と調和した、時間とスペース
すべてペールグリーン：自然を愛し、人間が自然の一部だということを知っているので、自然のサイクルと調和して自然体でいられます。時間と空間を上手に使い、自分がくつろげるスペースをつくり、心にゆとりを持っています。

❉

ハートの中心に定まり、周囲との自然な境界線を持ち、周囲の状況に振り回されることなく、バランスがとれています。そのため嫉妬や羨望を克服していて、ほかの人の立場から見て共感することができます。広い視点から全体像を明晰に見て、方向性を見いだします。ほかの人にも方向性を示すことができます。

❉

自分に嘘のつくことができない、心の真実を生きる人です。人生の道に自ら光をあて、真実を探求して、正しい道を決断できます。真実でないことにはすぐ気がつき、軌道修正することができます。自分を知り、天の意志を受け入れているので、変化や成長を恐れることなく、喜びとともに新しい環境に一歩を踏み出すことができ、再生していきます。

ペールグリーン／ペールグリーン

シェイクカラー：ペールグリーン

使用部位：胸周り（背中側まで帯状に）

マスターセット

Ⓣ道、真実、生きる。浄化のプロセスを経験したハートの中にあるバランス。

Ⓐ私は決断を下すことができます。私は私の方向をはっきりと見ることができます。私は真理を見つける過程にいます。

このボトルを選んだあなたへのメッセージ

あなたにとって真実とは何でしょう？ 本当にやりたいことは何でしょう？ あなたは今まで、自分を探求してきました。真実はあなたのハートが知っています。ゆったりした時間と空間をつくり、リラックスして、広い視野から選択する方向ひとつ一つを見て、心で感じてみましょう。ハートが喜び、心から幸せと感じる方向性がブループリントで、あなたの真実の道です。ハートの信号が青になり、新しい一歩を踏み出す時です。

＊ヒラリオン：エトルリア時代の科学者で人々の救済のため、エネルギーを変成させたといわれています。
＊ブループリント：誕生前に決めた、人生の計画、青写真。

Serapis Bey

B54

セラピス ベイ

苦しみに気づく光で照らし、浄化する

[選んだあなた] 光をあて、もたらされる気づきと理解
苦しみに意識の光をあて、"なぜ苦しいのか"その原因をはっきりと見て、理解し、成長することができます。そして、ほかの人の苦しみを理解し、助けることができます。すべてのチャクラが純化、活性化され、最大限の自己実現の可能性を持ち、内側から光り輝くことができます。

[下層・上層・シェイク] 強力に光をあて、可能性に気づく
すべてクリアー：重要な時点にあり、強烈に光をあて、自分自身を見ようとしています。クリアーは光そのもので、すべての色を持っています。あなたは過去に多くの経験を積み、多くの可能性を持っています。意識に光をあて、明晰に見ることができ、多くのことに気づくことができます。

※

自分の色が見えない、自分がわからない苦しみに強く光をあてて、なぜ苦しみがもたらされたのか、その苦しみの原因を明確に理解できます。すべての感情を強烈に感じています。溜まっていた涙が流されて、苦しみが解毒・浄化されます。過去がリセットされ、エネルギーが一新して、新しくスタートすることができます。

※

強力に浄化されて、はっきりと自分を見ることができます。苦しみを通して真珠のように磨かれ、輝いて人々の真の姿を映し出す、鏡になることができます。すべてを明け渡し純化されシンプルになっていきます。ほかの人の苦しみを理解することができ、人々に光をもたらすことができます。

クリアー／クリアー

シェイクカラー：クリアー

使用部位：全身

マスターセット

Ⓣ 苦しみの理解。光と浄化の力。

Ⓐ 私は神との契約を私に思い起こさせる内なる虹を見ます。

このボトルを選んだあなたへのメッセージ

クリスタルに光があたると虹が見えるように、クリアーな光は、虹のすべての色を持っています。あなたも過去に多くの経験を積み、あらゆる色と可能性を内に秘めています。それゆえ透明で、自分の色が見えないという苦しみがあったかもしれません。今、あなたは、はっきりと自分を見ようとしています。苦しみの原因を知り、浄化され、輝いたあなたはほかの人の苦しみを理解し、人々の色を映し出す鏡になり、世界へ光と虹をもたらしていくでしょう。

＊セラピス ベイ：トルコ帝国の王のひとり。苦しみから多くを学び、人々の苦しみを救済したといわれています。

The Christ

キリスト

B55

目覚め、愛に生きて光をもたらす

[選んだあなた] 意識の光で目覚め、愛に生きる
意識が身体とともにあり目覚めた状態で、愛に基づいた行動ができます。自らの苦しみに意識の光をあて、その原因に気づくことができます。周囲にも目覚めをもたらします。情熱と力にあふれ、人々に愛とエネルギーを与えることができます。スピリチュアルな世界と、現実世界の開拓者です。

[下層] 愛を惜しみなく与える力
レッド：魂の深いところで、愛と情熱にあふれ、自分を犠牲にしてまでもほかの人に愛を惜しみなく与えられます。地に足がつき、エネルギーに満ちあふれ力強く行動します。自分が本当に望むことを行動し、愛のエネルギーを正しく使い、実際に愛を実践していきます。

[上層] 光をあてて得た、苦しみの理解
クリアー：意識のレベルに強く光をあて、多くのことに気づき、苦しみの原因をはっきりと理解することができます。溜まっていた涙を流すことで、苦しみを解毒し、浄化して、あらゆることが純化されていきます。

[シェイク] 光を受け取り、愛を実践するエネルギー
ライトレッド（ピンク）：怒りやフラストレーション、苦しみから解放され、自分や周囲を許し、受け入れています。地に足をつけ、意識が目覚めて今を生きているので、最大限のエネルギーが使えます。光を受け取り人々にもたらすことができ、無条件の愛を実践します。

クリアー／レッド

シェイクカラー：ライトレッド（ピンク）

使用部位：下腹部（腰まで帯状に）

マスターセット／ニューイーオンチャイルド拡張セット／タントリックイルミネーションセット

Ⓣ 光のために、または光を使ってワークするエネルギー。

Ⓐ 私は愛として身体の神秘に目覚めます。

・このボトルを選んだあなたへのメッセージ・

あなたは世界に愛と光をもたらすため、子どものように純粋な目で眺め、新しい方法で愛を実践する先駆者です。あなたの中にある、あふれる愛とエネルギーを適切に使いましょう。自分自身を愛するために、あなたが心からやりたいことを行動したとき、怒りや不満は純化されていきます。地に足をつけ、目覚めた状態で今を生きましょう。エネルギーがもれることなく、愛と光を実践していくことができます。大地に立って光を受け取り、そして世界へ降ろしましょう。

＊キリスト：自分が犠牲になれるほど大きな愛で、光を地球に降ろし、愛と許しのメッセージを伝えたといわれます。

Saint Germain

サンジェルマン

B56

ネガティブからポジティブへの聖なる炎

[選んだあなた] 炎による精錬、大きな変容
自由、平等、博愛の精神を持っています。ネガティブなことを、炎のように精錬して、ポジティブに変容する力を持ち、自らを変容させるとともに、ほかの人の変容を助けます。インスピレーションやアイデアを現実化しつつ、人生の目的に向かってひとり歩き続けます。

[下層・上層・シェイク] ポジティブな質への大きな変容
すべてペールバイオレット：自分やほかの人を癒すことができます。ネガティブな思考や感情のエネルギーが、炎のような光で焼きつくされ、あらゆる側面が精錬され、ポジティブなより高い質へと変成、変容させていきます。大きな移行を迎えています。深い悲しみは癒されていきます。あなたがいるだけで、状況はポジティブな方向へ向かいます。

＊

繊細かつ感性豊かで、インスピレーションにあふれ、理想を現実化することができます。瞑想や熟考を通して得たことを現実に実践します。スピリチュアルなことを理解する能力があり、高い思考能力と高い目標を持ちます。人はみな平等だと知っていて、謙虚さを持って人々に奉仕します。

＊

人生の目的と使命に気づいて、現実の世界で行動していきます。自分の内面で、女性性と男性性（直感と理性や陰陽）のバランスがとれて、あらゆる側面が統合されています。ひとりでいることが好きで、自分の世界を持ち、自分で選んだ最高の道を歩いていくことができます。

ペールバイオレット／ペールバイオレット

シェイクカラー：ペールバイオレット（ライラック）

使用部位：頭髪の生え際全体

マスターセット

① 隠れたいという思いを克服する。世界でカタリスト（触発者）として行動する。

Ⓐ 過去の否定的なものすべてが私の周りで鮮やかに燃えているライラックの炎によって変容されています。

このボトルを選んだあなたへのメッセージ

バイオレットは、ブルーとレッドが統合された色です。あなたも、天と地、女性性と男性性、陰と陽の対極を統合することができます。統合によって大きな変容がもたらされます。あなたの内側にあるネガティブな影の側面が、炎により精錬され、ポジティブに変容していきます。天からブループリントを受け取り、レッドの大地へ降ろし、実現化していくことができます。アイデアを受け取り実践するほど、望む現実を豊かに顕現していけるようになるでしょう。

＊サンジェルマン：英語名ではセントジャーメイン。自由、平等、博愛の精神を持ち、フランス革命に影響を与えた貴族で、錬金術師だったといわれます。

Pallas Athena & Aeolus
パラスアテナ＆アイオロス

B57

両極のバランスで表現する愛と美

[選んだあなた] 愛と美の創造的な表現
自身の内面の女性性と男性性のバランスがとれていて、感性豊かに表現ができます。美を愛し、執筆、絵や音楽、ダンスなど、芸術的で創造的な表現の才能があります。自分の才能を生かして生計を立てることができます。内なる子どもが癒され、自由な遊び心で創造性を発揮します。

[下層] 信頼と平和の中で表現する創造性
ペールブルー：魂の深いところで、平和を感じ人生の流れを信頼しています。思い込みのパターンを手放すことができ、とらわれのない明確な思考で自分の内面との対話ができます。卓越したコミュニケーション能力で、人と信頼関係を築いていきます。表現力が豊かで創造性を発揮します。

[上層] 愛と思いやり、直観力を持ち、現実を生きる
ペールピンク：愛と思いやりにあふれ、受容力と直観力を持ちます。子ども時代の愛情に関する問題や、過去の愛の経験から学び、執着から解放され、自分を受け入れています。地に足をつけ、正しく生計を立てています。

[シェイク] 内なる女性性と男性性の2つの統合
ペールバイオレット：直観と理性、感情と思考、女性性と男性性、理想と現実など、二極のバランスがとれ、クリエイティブな才能があります。平和と信頼を持って行動し、アイデアや夢を現実化することができます。また、夢からメッセージを受け取ることができます。人々のために奉仕します。

ペールピンク／ペールブルー

シェイクカラー：ペールバイオレット

使用部位：下腹部（腰まで帯状に）、喉と首、頭髪の生え際全体

マスターセット

Ⓣ 創造性と正しい暮らし。ささやかなことに注意を向ける。

Ⓐ 私は手放し、人生のプロセスを信頼します。

このボトルを選んだあなたへのメッセージ

ピンクが表す女性性は、愛、感受性、直観、受容のエネルギーです。ブルーが示す男性性は、思考、理性、表現、そして与えるエネルギーです。この女性性と男性性の内なる結婚により、あなたはひとりの自立した人となり、愛と美の表現として、新たなものを創造することができます。あなたは自分の中に愛と美を見て、それを世界へと表現していきます。あなたの描く夢が世界へ創造され、現実化できることを信頼しましょう。

＊パラスアテナ＆アイオロス：ギリシャの女神アテナと、竪琴を持つ神アイオロスは、オリンポス山に神々を呼び創造の種をまきました。
＊内なる子ども：大人の中にある子どもの側面。

Orion & Angelica
オリオン＆アンジェリカ

B58

自由に羽ばたく内なる子ども

[選んだあなた] 内なる子どもの心
無邪気で無垢な子どものような心で、自分自身や人生を受け入れています。自己の内なる旅による探求が好きで、実際に旅することも好きです。地に足をつけ、今この時を生きています。正しい時に正しい場所にいて、正しく行動をすることができます。両親からの影響を強く受けています。

[下層] 母の愛、内なる女性性
ペールピンク：魂の深いところで愛と思いやりにあふれ、繊細な感受性と直観力、受け入れる力を持ち、自分の内面で女性性のバランスがとれています。また、子ども時代の愛情に関する問題を克服して、ありのままの自分を受け入れ愛して、ほかの人を無条件に愛することができます。

[上層] 父の愛、内なる男性性
ペールブルー：守られているという信頼感と平和な心を持ち、周囲にやすらぎと安心感を与えます。明晰な思考力があり、コミュニケーション能力が豊かです。上下関係の権威の問題や悲しみは克服され、平和の中、天の意志とブループリントを受け取り、表現していくことができます。

[シェイク] スピリチュアルな愛、二極の統合
バイオレット：癒しと変容が起き、直観と理性、感情と思考、女性性と男性性、天と地の2つが統合されています。平和で大きな愛を人に与えることができます。天と大地をつなぐ架け橋となり、理想を現実化することができます。

ペールブルー／ペールピンク

シェイクカラー：ペールバイオレット

使用部位：腹部（腰まで帯状に）、喉と首、頭髪の生え際全体

マスターセット

Ⓣ すべてのサトルボディが、正しい時に正しいところに存在する助けになる。サトルフィールドの中のバランス。

Ⓐ 私は今ここでの自由を見つけます。私はその瞬間に起こっている変化を信頼します。

このボトルを選んだあなたへのメッセージ

あなたは愛と信頼を学んできました。人間は生まれる前に自分の両親と、育つ環境を自分で決めています。あなたが愛や信頼を学ぶために、必要な環境が用意されて誕生しました。誕生とともにそのことは忘れられ、旅が始まりました。両親や環境から学び成長して、今、ここまでやってきました。あなたは癒され、大きな変化の時を迎えています。ひとつの旅が終わり、次の新しい旅が始まろうとしています。

＊オリオン＆アンジェリカ：オリオンは夜のとばりを降ろす天使で、アンジェリカは夜明けをもたらす天使。
＊ブループリント：誕生前に決めた、人生の計画、青写真。

Lady Portia

レディ ポルシャ

B59

知性がもたらす公正な愛、慈悲

[選んだあなた] あふれる愛と知性
自分自身を受け入れ、目覚めた目で自分を見て、本当の自分を知ることに喜びを感じます。愛にあふれ、幸せや喜び、明るさを周囲へもたらします。また、知性と識別力、正義感と公正さがあり、適切な行動ができます。

[下層] 無条件の愛で、許し受け入れる力
ペールピンク：魂の深いところで慈愛と思いやりにあふれ、繊細な感性と強い直観力を持ち、自分の内面で女性性のバランスがとれています。地に足をつけ、はっきりと目覚めた目で世の中を見て、現実を生きています。自分と周囲の人々を許し、受け入れ、無条件に愛することができます。

[上層] 公正に見る知性の輝き
ペールイエロー：知性と識別力があり、自分を明晰に見ていてよく知っています。ユーモアがあって話上手で、喜びと幸せを周囲へもたらします。不安や恐れを克服していて、自分自身やほかの人を厳しく批判することなく、起きている出来事を明晰に正しく見ることができます。

[シェイク] 新しい人間へと再誕生する。
ペールコーラル：愛と知恵にあふれ、自分や周囲を非難することなく、公正さと慈悲と思いやりを持って受け入れ、正しく行動します。過去を解放して、新たな目で自分と世界を見ることができ、新しい人間として再誕生していきます。そして、真の人間関係と人生を築いていきます。

ペールイエロー／ペールピンク

シェイクカラー：ペールコーラル

使用部位：みぞおちの周りから腹部（背中、腰まで帯状に）

マスターセット

星座：天秤座

Ⓣ 自分をジャッジすることを手放すことで、識別とバランスを助ける。

Ⓐ 私は光の法則と、それらがいかに私の成長に適しているかを理解します。

このボトルを選んだあなたへのメッセージ

あなたが自分に厳しくするとき、周囲の人々はあなたに厳しく接します。あなたが自分を受け入れているとき、周囲の人々はあなたを受け入れてくれます。愛を持って新たな目で見ましょう。自分を批判することなく、これができていないからやってみよう、こんなところが輝いている、と自分を明晰に見て受け入れ、認めてあげましょう。自分や周囲へのありがとうという感謝の気持ちがわき上がり、新しく生まれ変わっていきます。新しい現実を創り出していくでしょう。

＊レディ ポルシャ：シェークスピア「ベニスの商人」の中で、「裁かれないために、裁くなかれ」という慈悲の演説をした登場人物。

Lao Tsu & Kwan Yin
老子と観音

B60

自己を知ることで得た平和と信頼

[選んだあなた] 平和で穏やかな心で、自分を知る
苦しみに意識の光をあて、その原因に気づくことができます。穏やかさと自己信頼を持ち、静かな状況で自分に光をあて、はっきりと自分自身を見て、知ることができます。明確なコミュニケーションができ、信頼関係を築いていきます。過去や古いパターンを手放していきます。

[下層] 光をあてて得た、苦しみの理解
クリアー：魂の深いところに光をあて、自分をはっきり見ようとしています。溜まった涙が解放され、浄化されていきます。なぜ苦しみがもたらされたのか、その原因の深い理解を得ています。人々の苦しみを理解することができ、多くを経験しているため、人の鏡になれる人です。

[上層] 平和の中でのコミュニケーション
ブルー：自分を信頼していて、誤った古い思い込みの制限から解放されています。穏やかで平和な思考と心で、自分自身との対話ができ、ブループリントを受け取り、創造性豊かに表現していきます。人々とのコミュニケーション力も豊かで、人間関係に信頼をもたらします。

[シェイク] 思考と感情の浄化、苦しみの理解
ペールブルー：静けさと平和の心で、自分自身をはっきりと見て、過去の苦しみや悲しみを手放していきます。思考が自由で、明晰に表現して周囲に伝えることができ、人の話を聞いて人々をサポートすることができます。

ブルー／クリアー
シェイクカラー：ペールブルー
使用部位：首と喉の周り
マスターセット

Ⓣ 光からコミュニケーションをすることができるように、内側に明晰性を見いだす。

Ⓐ 私はすべての制限、障害や乱心から解放します。

このボトルを選んだあなたへのメッセージ

現実は自分が信じた思考から創り出され、自分の制限も自分自身で創っています。自分の内側で信じていることが、引き寄せられ現実となります。内側にある原因にはっきり気づくまで、幾度となく同じような出来事がくり返されます。内側が静かになると、光がもたらされ、はっきり苦しみの原因を知ることができます。苦しみの原因となる思い込みの制限が取り払われて浄化され、過去のパターンを手放して自由になっていくことでしょう。

＊老子と観音：老子は中国の思想家であり、錬金術師とされます。観音は人間の無知による苦しみに慈悲を与える女神です。
＊ブループリント：誕生前に決めた、人生の計画、青写真。

Sanat Kumara & Lady Venus Kumara
サナト クマラ & レディ ヴィーナス クマラ

愛と知恵を学び人々に教授する

B61

[選んだあなた] 母性と父性を学び、目覚める愛の知恵
過去の経験から自分を受け入れ、愛することを学び、深い歓びと幸せを感じることができます。人々に教え、伝える才能を持ち、愛と知恵をわかち合います。両親との関係性から深く学び、内なる母性と父性が統合され、愛の知恵と、内なる神聖さを持つ新しい人間として生まれ変わります。

[下層] 自分を知り理解する喜び
ペールイエロー：魂の深いところで自分を知ることに喜びを感じ、知識を探求します。恐れや混乱を克服して、太陽のような明るさと陽気さを持ち、明晰でポジティブなものの見方ができます。人生から多くを学び理解していきます。知性的で人に教える才能や、管理能力があります。

[上層] 無条件の愛で、許し受け入れる力
ペールピンク：愛と思いやりにあふれ、繊細な感性と女性的な直観力を持っています。目覚めた目で自分と世の中を見ることができます。愛されていないという恐れを克服して、自分と周囲を許し受け入れ、無条件に愛することができます。あらゆる執着を手放しています。

[シェイク] 過去の解放と自立
ペールコーラル：自分や人々を受け入れ、愛するための知恵を持ち、何ものにも依存することなく、過去の傷や報われなかった愛の痛みから解放されています。自立して、真の人間関係を築きます。自己と人々の尊さに目覚め、深い歓びと幸せを感じることができます。

ペールピンク／ペールイエロー

シェイクカラー：ペールコーラル

使用部位：みぞおちの周りから腹部（背中、腰まで帯状に）

マスターセット

Ⓣ 自己の中にある役割モデルとの最も深いレベルにおける調和。神聖な父／母という普遍的な感覚。

Ⓐ 人生が私に与える障害やチャレンジを通して私は学び成長します。私は私に与えられた環境の中でギフトを見つけます。

このボトルを選んだあなたへのメッセージ

あなたは過去のさまざまな関係性から愛を学んできました。自分を愛するため、識別の光をあてて、必要のない古いパターンを手放して、新しく生まれ変わろうとしています。天にあるものが同じように地にもあるように、高次元の神聖さは、あなたの最も深いところに秘められています。過去の知恵を使って愛を生きましょう。愛の知恵で輝き、内なる神聖さに目覚めていきます。そして人々の中に、世界に、愛と知恵と神聖さを見ることができます。

*サナトクマラ＆レディヴィーナスクマラ：人々を大きな力で見守り救おうとする存在で、母性原理と父性原理を表します。

Maha Chohan

マハ コハン

B62

宇宙のエッセンスを自由な心で表現

[選んだあなた]すべての答えを知る、内なる教師とつながる
内なる教師とのつながりをもちます。自分は誰なのかという心の声を聞き、人生における真の答えを感じ取ることができます。自分の個性をはっきりと知り、自分らしく個性を生かした創造的な表現ができます。宇宙の創造に関わるあらゆるエッセンスを受け取り、芸術的に表現していきます。

[下層・上層・シェイク] 個性を生かした、創造的表現
すべてペールターコイズ：心の中の内なる教師と一体感を感じ、すべての答えを感じ取ることができます。そのフィーリングを信頼して、ハートで感じたことを表現することができ、人々とわかち合いたいと願っています。多くの人々へ伝えていく才能があります。感情を表現することの困難さや、大勢の人々の前での上がり症を克服しています。

✽

遊び心と自由な発想を持ち、個性的で独創性を発揮します。感性が豊かで、インスピレーションを受け取りやすく、音楽や絵、執筆、ダンスや料理など芸術や創作を通して、受け取ったものをクリエイティブに表現することができます。メディアやコンピュータを通じて行う表現や、クリスタルを扱う才能がある場合もあります。

✽

水瓶座の新しい時代を生きる人で、自由に自分の人生を選択して、その責任をとる力を持っています。個性を生かして、心から創造的に表現して、人々を感動させたり、社会やグループ全体のために生かすことができます。

ペールターコイズ／ペールターコイズ

シェイクカラー：ペールターコイズ

使用部位：胸周り、胴体（背中側まで帯状に）、喉と首

マスターセット

Ⓣ 個性化の道に光をあてる。ハートのコミュニケーションの明晰性。

Ⓐ 私は感謝して人生の流れに沿うことができます。

・このボトルを選んだあなたへのメッセージ・

私たちは今まで答えを外の世界に求めてきました。その結果、真の答えを得ることはありませんでした。疑問がわき上がったとき、答えを内側に探してみましょう。あなたは内なる教師とつながり、真の答えを受け取ることができます。心の声に従い、人生を自分で選択しましょう。これからの時代は、ひとり一人が創造の源とつながり、楽しみながら、自由に人生を創造することができます。あなたの中にもその力があることを信頼しましょう。

＊マハ コハン：「マハ」は〝偉大な〟、「コハン」は〝教師〟を表します。レムリア文明の神といわれました。
＊水瓶座の時代：占星術での大きな時代のサイクル上の、西暦2000年前後から始まる新しい時代。

Djwal Khul & Hilarion

ジュワル クール & ヒラリオン

B63

オープンハートで忍耐強く人生を歩む

[選んだあなた] 真の方向性への新しい始まり
自分の真実の道を探求します。心のゆとりとバランス、自分のスペースを持ち、広い視点から人生の道の方向性を決断し、その道を忍耐強く歩いていきます。このボトルは、B53のヒラリオンとB64のジュワルクールがひとつになったもので、両方の意味を持ちます。

[下層] 自然体で、開かれたハートで真実を生きる
ペールグリーン：ハートがオープンで、自然体でいられます。自然な境界線と自分のスペースを持ちます。魂の深いところで、ハートが感応する真実を生きることを望んでいます。自分が探求する道に光をあて、真の方向性を見いだします。再生と成長によりハートの器が変化し、広がっていきます。

[上層] 真理の探求と真の方向性の決断
エメラルドグリーン：自然と調和し、心のバランスがとれています。自然の中にある真理を見いだし、その真理を話せる心の強さがあります。ほかの人に振り回されずに、自分の中心に定まり、広い視野から客観的に物事を見て、真の方向性を見いだして、正しく決断し、新しい一歩を踏み出します。

[シェイク] 正しい道を歩き続ける、持続する力
グリーン：正しい時に、正しい場所にいて、正しいことを行います。自分の時間と空間を正しく使って、今のこの一瞬一瞬をきちんと生きています。間違いに気づいたら、すぐに軌道修正ができます。忍耐強く物事を続けて、大きなことを達成できる人です。

エメラルドグリーン／ペールグリーン

シェイクカラー：グリーン

使用部位：胸周り（背中側まで帯状に）

マスターセット

Ⓣ あるがままの自分自身を見つめることができるスペースを、自分に与える時の真実。

Ⓐ 私は正しい場所で、正しい時に、正しいことを行っています。

このボトルを選んだあなたへのメッセージ

あなたはハートを生きる4次元の世界へ移行しつつあります。自分を知るという3次元の世界から学び終え、自他の違いによる競争意識で起きたハートの傷は癒され、あなたのハートの扉が開かれようとしています。もうほかの人と比べることなく、自分の人生の道そのものを楽しめるようになります。あなたのハートが喜び、幸せを感じることをしていくと、ハートの扉は開かれ、一瞬一瞬感じて楽しみ、ハートの真実を生きはじめます。

Djwal Khul

ジュワル クール

B64

浄化されたスペース、新たなステージ

[選んだあなた] 真理の探究、新しい始まり
自分に嘘がつけない真実の人です。自分をはっきりと見て、真の自己を探求します。人と自然のサイクルや占星術、天文学への理解があり、自分の中の自然な調和がとれています。広い視野から物事を見ることができ、道に光をあてて真実の方向性に一歩踏み出します。

[下層] 真の自分をクリアーに見る目
クリアー：真の自分を見ようと、自分自身に光をあてています。無意識の中に沈んでいる過去の苦しみの原因を理解していきます。過去に流されずに溜まった涙が解放され、深いところで浄化がもたらされ、自分の進むべき道を知り、新しくスタートしていきます。

[上層] 視野を広く持つ心、真理の探究
エメラルドグリーン：自然と調和し、自然の中の真理を見ようとしています。あなた自身が自然の一部だということを知っています。自分の時間と空間と心にゆとりを持ち、バランスがとれています。心を感じて、広い視点から客観的に見て、人生を正しく選択することができます。

[シェイク] スペースが浄化され、真実が見えてくる
ペールグリーン：真の自分を知ることで、あなた自身の感情やスペースが浄化され、魂の深いところに光がもたらされ、進むべき真実の道が見えてきます。そして、広いスペースと新しいステージに進むことができます。

エメラルドグリーン／クリアー

シェイクカラー：ペールグリーン

使用部位：胸周り、胴体（背中側まで帯状に）

マスターセット

Ⓣ 探究者のマスター。探求それ自体を探求する。探究という真実。

Ⓐ 真理は私を通して私にやってきます。私は大地を感じ、大地の真理は私のハートを通して自ら表現します。

このボトルを選んだあなたへのメッセージ

あなたのハートを感じてみましょう。ネガティブな感情や思考を抱えていませんか？ 必要のないものであふれていませんか？ あなたのオーラの状態は、住空間に表れています。自分のスペースと身近な空間の浄化から始めましょう。スペースを浄化するほど、心に光が届けられ、あなたはバランスを取り戻します。ハートがエメラルドに輝き、再生したあなたは、新しい一歩を踏み出し、真実の道を歩きはじめ、新しいスペースへと導かれていくことでしょう。

＊ジュワルクール：真理を探求したチベットのマスター。天文学、占星術を通して、自然界と宇宙の探求をしたといわれます。
＊ステージ：発展の段階。

Head in Heaven and Feet on Earth
頭は天に、足は地に

変容と奉仕の情熱的な行動力

B65

[選んだあなた] 真の目的を知り、行動する力
地に足がつき、頭は天とつながっているので、身体の中は自由にエネルギーが流れています。自分の人生の目的を知ることができ、それを現実化し、自己実現していくことができます。熟考してから、情熱的に行動します。変容と奉仕のためのエネルギーがあります。

[下層] 愛をエネルギッシュに行動する
レッド：地に足がついていて、魂の深いところで愛のエネルギーにあふれ、愛を惜しみなくほかの人へ与えます。怒りやフラストレーションは自分が心から思うことを行動することによって自然に克服されています。愛と情熱を持って、エネルギッシュに行動します。

[上層] 変容し、実践される人生の目的と奉仕
バイオレット：奉仕の精神と高い精神性を持ち、熟考や瞑想を通して、自分の人生の目的と使命に目覚め、それを実践します。ヒーリングの才能があり、自分自身を癒し、変容することができ、周囲の変容をサポートし、奉仕します。

[シェイク] 神聖さを日常に見いだし、もたらすエネルギー
マゼンタ：愛と思いやり、奉仕の心を持ち、細やかな配慮ができます。日常の些細な物事に神聖な尊さを見いだすことができ、日々の小さなことの中に愛と気遣いを注ぎます。スピリチュアルなことを現実面に生かすことができます。また、ほかの人をケアするように、自分自身をケアできます。

バイオレット／レッド

シェイクカラー：マゼンタ

使用部位：下腹部（背中側まで帯状に）、髪の生え際全体

Ⓣ バランスの深い感覚。奉仕を行うためのエネルギー。

Ⓐ 私はどこにいてどこへ行こうとしているかを知っています。私は自分という存在の中心を信頼します。

このボトルを選んだあなたへのメッセージ

レッドは力強く命を支える大地の色です。大地に両足がついて、心が身体とともにあることを感じ、母なる大地のエネルギーを受け取っていきましょう。足の裏からエネルギーが上昇し、全身に満たしていくイメージをしていきます。そして頭の少し上から、天からの愛のエネルギーを受け取り、全体を満たしていきましょう。あなたはこの大地からの愛と、天からの愛との2つのエネルギーを使いこなし、現実を創り上げていくことができます。

＊変容：ネガティブな側面がポジティブな質へと変わって、高まっていくこと。

The Actress
女優

B66

愛によって演じる、人生の役割

[選んだあなた] 人生の舞台での自分の役割
女性的直観で人々を助け、愛によって奉仕します。人生において、さまざまな役割を演じる自分を客観的に見て、自分の真の姿を知ることができます。ありのままの自分を受け入れ、愛することで、癒され、大きな変容がもたらされます。

[下層] 無条件に受け入れ、愛する心
ペールピンク：魂の深いところで愛にあふれて、温かさと思いやり、やさしさがあります。満たされない愛に対する怒りを克服していて、自分自身や周囲を受け入れ、無条件に愛します。地に足がつき、はっきりと意識が目覚め、女性的な直感を持って行動します。

[上層] 実践されるスピリチュアリティと変容
ペールバイオレット：高い精神性と目標、奉仕の精神を持ち、自分の人生の目的と使命に目覚めて、それを実践します。思考や感情を、よりポジティブな質へと変えていきます。自分自身を癒し変容することができるとともに、周囲の人々の変容をサポートして、奉仕します。

[シェイク] 奉仕の精神で、愛と配慮をもたらす
ペールマゼンタ：細やかな気遣いや配慮ができる人です。人々や日々の小さなことの中に愛を注ぎます。日常の中に尊い神聖さと美を見いだし、大きな愛に気づいて癒されています。スピリチュアルなことを日常にもたらし、愛によって周囲へ奉仕していきます。自分自身もケアできます。

ペールバイオレット／ペールピンク

シェイクカラー：ペールマゼンタ

使用部位：下腹部（腰側まで帯状に）、髪の生え際全体

Ⓠ 条件づけから離れることで、自分のステージの上にいる俳優を見ることができる。

Ⓐ 私は自分の人生の舞台で誰が演じているのかに注意を注いでいる時幸せに感じます。

・このボトルを選んだあなたへのメッセージ・

あなたは人生でどんな役割を演じていますか？ たくさんの役柄があり、役になりきってしまっているかもしれません。人生という舞台の中、客席に座って、自分の役柄、そして周囲の人々の役柄を、注意深く見て観察しましょう。演じているあなたは、客席でどう見えますか？ あなたの役柄の理解と、本当の自分に目覚めていきましょう。少し距離を置いて見ていくことで、本当の自分を美しく輝かせていくことでしょう。

Divine Love, Love in the Little Things
神聖なる愛、小さきことの中の愛

B67

日常に神聖さを見いだし、愛を注ぐ

[選んだあなた] 小さなものの中に、神聖さを見いだす
愛と奉仕の精神を持ちます。日常の中で細やかな配慮ができ、よく気がつき、エネルギッシュに行動します。地球上のありとあらゆるものに愛を注ぐことができます。そして、それらがすべて大きな愛で生かされていることを知っています。

[下層・上層・シェイク] 神聖な愛と美を、日常の中に見る
すべてマゼンタ：尊い神聖な愛が日常のすべてにあることを知り、日々の生活に細やかな愛情を注ぐことができます。地球と地球上の生き物、自然界、身の回りのものにも愛情を持ち、やさしく接します。高い美意識と審美眼を持ち、日常の中に美をもたらします。仕事も几帳面にこなします。

❊

日常の中でスピリチュアルなことを実践し、愛を込めて周囲へ奉仕します。よく気がつき、よく行動します。周囲への細やかな適切な配慮と気遣いができ、愛と情熱を持って実践します。身の回りの小さなものや、小さなことへ愛を注ぐことで、同じように自分は天から愛されていることを知り、天から注がれる大きな愛を受け取ることができます。

❊

マゼンタを持つあなたは過去から多くの経験を積み、あらゆる可能性と才能を持っています。そのため、さまざまなことに気づくことができ、愛の大切さを知っています。働き過ぎや、周囲に愛を与え過ぎ、自身のエネルギーが消耗した状態のときは、愛とエネルギーを注ぐ対象と距離を置き、自分自身を愛で満たしケアしていくことができます。

マゼンタ／マゼンタ

シェイクカラー：マゼンタ

使用部位：全身

タントリックイルミネーションセット／ニューイーオンチャクラセット

Ⓣ 小さきことの中の愛、私たちは小さなものの中に神を認める。

Ⓐ 私の人生のこの地点で神が私に自らの姿を現わすことに感謝の気持ちを持って待ちます。

・このボトルを選んだあなたへのメッセージ・

地球上のすべては、大きな愛によって天から生かされています。天からの神聖な愛は、美しさをともない表現されます。日本人は古来、自然の美の背後に神聖さと神を見ました。そして美を表現する術を持ちました。あなたは、自然の美を見て内なる美に目覚める細やかな心の目を持ちます。日常の中の小さなことに愛と思いやりと配慮を注いでいくと、同じようにあなたにも大きな天の愛が注がれ、ケアされていたことに気づいていくことでしょう。

Gabriel
ガブリエル

B68

天からの言葉を伝えるメッセンジャー

[選んだあなた] スピリチュアルなことの伝達
穏やかで平和な心と思考で、自分自身を癒して変容する力と、ほかの人々を癒し、変容させる才能があります。インスピレーションを感じ取り、それを創造的に表現して伝えていくことができます。人生を熟考し、高い目標を目指します。あらゆる関係性の変化と移行を受け入れています。

[下層] 高い精神性と目的を奉仕として実践
バイオレット:魂の深いところで、奉仕の精神と高い理想を持ちます。熟考や瞑想を通して、人生の目的と使命に目覚めて、それを実践していきます。ヒーリングの才能があり、自分と人々に癒しと変容をもたらし、周囲へ奉仕します。

[上層] 平和と信頼をベースにしたコミュニケーション
ブルー:平和で穏やかな心で、自分自身と対話できます。明晰で自由な思考と表現力があり、自分や周囲を信頼してコミュニケーションをとり、信頼関係を築いていきます。悲しみは癒され平和を取り戻しています。権威の問題を克服して、上下関係に正しく対処でき、表現できます。

[シェイク] 深く見て感じ取る、高いコミュニケーション能力
ロイヤルブルー:頭脳明晰で、深く見て感じ取る敏感な感覚器官を持ちます。思い込みの制限を手放して、ものの見方や思考が柔軟で自由になっています。隠れた神秘的な物事を見る力があり、インスピレーションを感じやすく、高いコミュニケーション能力を持ちます。

ブルー/バイオレット

シェイクカラー:ロイヤルブルー

使用部位:喉と首の周り、頭髪の生え際全体

Ⓣ 平和と成就の天使。はっきりと見ることができる能力とつながること。

Ⓐ 私は新たな始まりを迎えることができるように、私は終えるべきことを終えることができます。

・このボトルを選んだあなたへのメッセージ・

天使ガブリエルは天のメッセンジャーで、あなたも同じ伝達者の資質を持っています。思い込みの観念で頭がいっぱいのときは、天からメッセージを受け取ることができません。とらわれている思考や、古い観念を手放しましょう。制限の壁が取り払われると、真の人生の目的がはっきり見えて、あなたのブループリントを受け取ることができます。穏やかに、大きな変化を受け取りましょう。新しい始まりが待っています。

＊ガブリエル:聖母マリアに受胎告知をした大天使の名前。天からのメッセンジャー。
＊ブループリント:誕生前に決めてきた人生の計画、青写真、神聖なプラン。

Sounding Bell

鳴り響く鐘

B69

浄化された純粋な愛、情熱

[選んだあなた] 天からの愛による浄化
人生の目的を見つけ、実現化していくことができます。天から愛されていることに気づき、浄化され、純化されています。日常の中で周囲のあらゆるものへ、細やかな愛と思いやりを注いで、愛の輪を広げていくことができます。

[下層] 魂の浄化と純化をもたらす光
クリアー：魂の深いところに強く光をあて、自分をはっきりと見ようとしています。人生における苦しみの原因を理解することで、溜まった涙は流され、浄化されていきます。自分自身と周囲へも光をあて、純粋な目で自分と世の中を見ることができ、多くのことに気づくことができます。

[上層] 細やかな愛と配慮を、日常にもたらす
マゼンタ：細やかな愛情と配慮を持ち、細部によく気がつき、周囲の人々や日々の生活の中に、気遣いと愛を注ぎます。日常の中のあらゆるものに、尊い神聖な愛と美を見ることができ、それを表現します。人々をケアするように、自分自身をケアすることが大切だと知っています。

[シェイク] 光を日常にもたらし実践する
ペールマゼンタ：日常の小さなことの中に光をもたらし、愛を込めて周囲へ奉仕します。そして、天からの大きな愛に気づいて癒され、ケアされています。情熱が純化されて健全に行動でき、迷うことなく自己実現しています。多くの経験を積んでいるので、あらゆる可能性を秘めています。

マゼンタ／クリアー

シェイクカラー：ペールマゼンタ

使用部位：全身

タントリックイルミネーションセット

Ⓣ 天からの愛の結果としての浄化。小さきことに愛を注ぐことから得られる浄化。瞬間にいること。

Ⓐ 両極の間で、私は自分の人生に真のバランスを見いだします。

― このボトルを選んだあなたへのメッセージ ―

鐘の音は周囲に共振して広がり、聖なる目覚めを促します。今まであなたは天から愛され、たくさんの人に支えられていました。それに気づいたとき、浄化され純化されていきます。愛と感謝の気持ちがあなたのハートを満たしたとき、愛のパワーはあなたから周囲へと広がり、あなた自身が鳴り響く鐘になります。あなたが発する言霊が鐘のように振動し、人々のハートを揺り動かし、共鳴して、周囲に目覚めと愛をもたらしていきます。

Vision of Splendor
壮麗なるビジョン

B70

自分を知って、人生の目標を照らす光

[選んだあなた] 明晰に自分を見て自分自身を知る
困難な状況でも自身に光をあてることができ、物事をはっきりと明晰に見て、自分を知ることができます。知的な好奇心があり、よく学び、知識を吸収してそれを理解し、知ることに喜びを見いだします。人生に対する先見の明と大きなビジョンを持っています。

[下層] 浄化と純化をもたらす光のシャワー
クリアー：魂の深いところに意識の光をあて、自分をはっきり見ようとしています。純粋な目で自分と世の中を見て多くのことに気づき、苦しみの原因が理解できます。流されなかった涙は解放され、浄化され、純化されていきます。自分自身と周囲へ光をもたらします。

[上層] 知性と明晰性で、太陽のように輝く
イエロー：太陽のような明るさと明晰性を持ちます。知性的で自己の探求に喜びを感じ、情報収集や学ぶことが大好きです。理解力と分析力、決断力があります。日常の生活に喜びを見いだし、幸せを感じることができます。

[シェイク] 光をあて、遠くまで見通す目
ペールイエロー：人生の中での不安や恐れ、苦しみが浄化され、光と喜びにあふれています。混乱した状況から物事を学び、人生への理解と明晰な判断力を得て、自己知に至っています。人生に喜びを持って光をあてて遠くまで見通し、大いなるビジョンを持っています。

イエロー／クリアー

シェイクカラー：ペールイエロー

使用部位：みぞおちの周り（背中側まで帯状に）

Ⓣ もっと開いて、より大きな全体像を見る明晰性。光の振動に関する知識を得ること。

Ⓐ 私は歓びに向かって自分を開くと、私の中で輝きはじめる光を見ます。

・このボトルを選んだあなたへのメッセージ・

あなたの大きな目標や計画は何でしょう？ イエローが示す苦しみは、何が欲しいのかわからない混乱の苦しみです。大いなるビジョンに目覚めるために、光をあて、自分をはっきりと見ていきましょう。浄化していくほど明晰性がもたらされ、自分の個性が見えてきます。あなたらしさをより輝かせるために、自分自身を知り、大いなる計画とビジョンを見いだしていきましょう。

Essene Bottle II/
The Jewel in Lotus

エッセネボトルII／蓮の花の中の宝石

B71

苦しみが浄化され、無条件の愛を実践する

[選んだあなた] 自分を受け入れる、愛の力
お母さんが赤ちゃんを無条件に愛するような、愛と思いやり、受け入れる力を持ちます。現実は、自分自身の思考や感情がつくり出したということを理解しています。自分を受け入れ、心の苦しみの原因を知ることで成長しています。

[下層] 光による思考と感情の純化
クリアー：魂の深いところに強く光をあてて、自分を見ようとしています。純粋な目で自分と世の中を見て、多くのことに気づき、苦しみの理解に至っています。過去の愛のパターンは純化され、溜まった涙は解放され、浄化されて、真珠のように輝き、自分自身と周囲へ光をもたらします。

[上層] 無条件の愛と自己受容
ピンク：温かさと思いやり、やさしさと愛にあふれています。女性性のモデルである母親からの影響を多く受け、無条件の愛を学んでいます。怒りを克服して、自分自身と周囲の人々を受け入れています。大地に足をつけて、女性的な直感を持って行動します。

[シェイク] 光をもたらし、愛を実践する
ペールピンク：はっきりと目覚めた意識を持ち、過去の満たされなかった愛の苦しみから解放され、浄化されていきます。あらゆる執着は解放され、無条件の愛へ純化されています。自分自身とほかの人を許し、ありのままの受け入れて、無条件の愛を実践し、成長しています。

ピンク／クリアー

シェイクカラー：ペールピンク

使用部位：胴体全体、下腹部（背中、腰まで帯状に）、頭頂部

タントリックイルミネーションセット

Ⓣ 思考とフィーリングに対して責任をとることが、愛の力への扉を開く。

Ⓐ このままで、私は神であることを知ります。

―このボトルを選んだあなたへのメッセージ―

美しい蓮の花は泥の中で育ちます。泥という苦しみの中、あなたは今まで自分の姿が見えませんでした。けれども泥にはたくさんの栄養分があります。苦しみを受け入れ、理解を得ていくと、泥水は純化され透明になっていきます。あなたは自分の内側からつくり出された、苦しみの原因をはっきり知ることができます。そして美しい花を開花させている自分に目覚めていきます。その花の中に、あなただけの宝石の輝きが見つかります。

B72

The Clown (Pagliacci)
クラウン（ピエロ）

ユーモアと創造性を発揮する

[選んだあなた] 人々を笑わせ、幸せにするピエロ
ピエロはいつも笑い顔で人々を幸せにします。あなたも笑い顔の下に隠された過去の感情を手放し、悲しみのピエロを自由にして、平和と深い歓びを取り戻していきます。自己の内側と外側の違いに気づき統合していきます。自分を信頼していて自信があり、自立しています。

[下層] 経験からの深い理解と洞察力
オレンジ：経験からの深い理解力と洞察力を持ちます。深い恐れや過去のパターンを手放し、自信を持って自立していて、何事にもねばり強く努力するため、計画倒れすることなく大成します。ユーモアにあふれ、周囲を笑わせ幸せにします。社交的で、豊かな人間関係を築きます。

[上層] 平和の中でのコミュニケーション
ブルー：平和で穏やかな心を持ち、内なる対話ができます。自分や周囲を信頼して、自由な自己表現ができます。多彩なコミュニケーション能力を通して、人との信頼を築いていきます。人生の計画を創造的に表現します。

[シェイク] 感情の解放による、やすらぎと癒し
ゴールドが散りばめられたバイオレット：上下補色（正反対の色）のため、相反した感情があるかもしれませんが、混ざるとすべての色を含むため、パワフルな力を発揮します。過去から溜まった感情を解放し、癒され変容していきます。歓びを感じながら、深い知恵を持って現実を創造します。

ブルー／オレンジ

シェイクカラー：ゴールドが散りばめられたバイオレット

使用部位：胴体全体（背中側まで帯状に）

Ⓣ 内側からコミュニケーションされることの喜びに満ちた洞察。

Ⓐ 私は自らの内なる子どもを敬い、その子どもが天の国に入ることができることを知ります。

このボトルを選んだあなたへのメッセージ

ブルーは創造性の表現を、オレンジは創造性を生み出すことを表します。この2つは補色の関係で、すべての色を含むため、無限の創造の可能性を示します。過去から多くを学び吸収しているあなたは、過去を手放す準備ができています。古い感情や思い込みを解放していくにつれ、軽やかさとやすらぎ、深い歓びを得ることでしょう。自分を信頼して手放し、無限の創造性を受け取り、自由に新しい人生をクリエイトしていきましょう。

Chang Tsu

荘子

B73

光と知恵で、自分を輝かせる

[選んだあなた] 拡大した意識と識別の知恵
思考や感情の浄化と純化によって、恐れや苦しみを克服しています。多くの経験からの知恵と識別力で輝き、自立した思考を持っています。自分を深く知りたいと願っていて、自分自身を客観的に見て笑うことのできる人です。内なる知恵と、物事を見極める識別の光を周囲へももたらします。

[下層] 浄化と純化をもたらす光
クリアー：魂の深いところに意識の光をあて、自分をはっきり見ようとしています。純粋な目で自分と世の中を見て、人生の苦しみの理解ができます。流されなかった涙は解放され、浄化され、自分自身と周囲へ光をもたらします。

[上層] 自分の価値を知り、自分を輝かせる
ゴールド：知恵を持ち識別力と理解力があります。自分を偽ることなく、自己価値を受け入れ、明るく自分を輝かせてユーモアと歓びを広げます。腹がすわっていて、深い恐れの感情を克服しています。内面のパワーを正しく使うことができ、人に物事を教える才能があります。

[シェイク] 内なる光とつながり、知恵の光があふれる
ペールゴールド：理由のわからない深い恐れや、混乱した状況に光をあて、深い理解とともに解放しています。過剰な思考や自意識を手放して、浄化されています。過去からの叡智や内なる光と一体感を感じ、自分自身を知り、真のオーラを輝かせ、歓びを持って才能と資質を開化させることができます。

ゴールド／クリアー

シェイクカラー：ペールゴールド

使用部位：腹周り（背中側まで帯状に）

Ⓣ インカーネーショナルスターとのつながりが、目的の明晰性と存在の中にあるギフトの理解をもたらす。

Ⓐ 私は自分のことを笑えるのでしあわせです。私は自分で自分にもたらす皮肉を見て喜びます。

─ このボトルを選んだあなたへのメッセージ ─

あなたは自分を知るために、学び、たくさんの経験を積み、苦しみを通してその理解を得てきました。経験の意味を充分理解したとき、苦しみから解放されます。自分を「こうに違いない」と決めつけることなく、客観的に見ていきましょう。「ここはわかっていて、ここがまだできていないな」と、はっきり見ることができます。明るさと愛を持って、自分のことが笑えるようになります。自分を知る歓びと幸福感が、さらなる成長と収穫をもたらしていきます。

＊荘子：中国の古代思想家で、知恵のマスターとされます。　＊真のオーラ：魂の色の輝き。人生の目的と才能の情報を持っています。
＊インカーネーショナルスター：受肉のための星。真のオーラの中にあります。

Triumph
勝利

B74

進むべき道を楽しんで歩む知性

[選んだあなた] 人生の道そのものを、信頼して楽しむ
結果を恐れることなく、自分の真の道を信頼して歩き、人生の道のプロセスそのものを楽しむことができます。心配や不安な気持ちを克服したしなやかな心で、喜びを持って、進むべき新しい方向へと向かうことができます。

[下層] 道を探求しハートを生きる、真実の人
ペールグリーン：魂の深いところで真実の道を探求することができます。自然体で、心のゆとりと自分のスペースを持ち、調和がとれています。物事を広い視点から客観的に見ることができます。道に光をあて方向性を見いだすことができ、ハートの中心から真実を決断し、一歩踏み出します。

[上層] 太陽の明るさと明晰性で、自分を知る
ペールイエロー：知性にあふれ、自分を知ることに喜びを感じられます。恐れや混乱を克服して、偏見を持つことなく、明晰に見ることができます。太陽のような明るさで、方向性を照らし、人々を明るく照らします。過去の経験から学び、学んだことへの理解力があり、正しく決断できます。

[シェイク] 希望の光、見えてくる方向性
ペールオリーブグリーン：過酷な環境でのハートの苦みと恐れを、ハートの甘みと喜びに変えていきます。道に太陽の光があたり、方向が見えてきて、喜びを持って歩むことができます。どのような状況でも希望の光を失わずに、人生のプロセスを信頼する知恵があります。

ペールイエロー／ペールグリーン

シェイクカラー：ペールオリーブグリーン

使用部位：胸周りとみぞおちの周り（背中側まで帯状に）

Ⓣ 強烈なテスト。より深いバランスに向かって洞察力を見いだすことができる。

Ⓐ 旅またはプロセスがゴールでもある道です。

このボトルを選んだあなたへのメッセージ

あなたの個性という花を咲かせるためには、心のゆとりと忍耐強さが必要です。雨の日も、風の日もあります。早く咲かせようとして花をだめにしないよう、適切な対応をして、成長の過程を信頼しましょう。毎日育てることを楽しむと、いつかあなただけの美しい花が咲きます。タンポポがひまわりに嫉妬したりはしないように、ほかと比べて競争することなく、急ぐことなく自分の道を進みましょう。ひとり一人が自分の花を咲かせると、全員が勝者になります。

Go with the Flow

流れとともに行く

B75

あふれる愛を、自由に創造的に表現

[選んだあなた] 信頼して流れとともに生きる
物事を今までとは別の、より高い視点から見ることができます。新たな可能性に気づき、個性的で独創的な才能が開花しようとしています。愛にあふれ細やかな配慮で物事に接し、愛と美を創造的に表現していきます。人生の大きな流れを信頼して、流れとともに進みます。

[下層] ハートからの自由で創造的な表現
ターコイズ：魂の深いところでハートの声を聞くことができ、すべての答えを感じ取ることができます。心で感じたことを自分らしく自由に表現することができ、それを大勢の人とわかち合うことができます。遊び心と自由な発想で、創造的に表現していきます。芸術的な才能があります。

[上層] 細やかな愛情と配慮を、日常にもたらす
マゼンタ：細やかな愛情と配慮があります。細部によく気がつき、日々の生活の中に、気遣いと愛情を注ぎます。美を愛し、ささいな日常の中に、天の神聖な愛と美を見ることができます。人々をケアするように、自分もケアできます。

[シェイク] 高い視点から、物事を見る目
ディープマゼンタ：愛と奉仕の精神を持ち、感情豊かに愛を表現していきます。周囲の人々に気を配り、愛の力で助けます。より高い視点から物事を深く見て多くのことに気づき、人生の真の目的を理解して、それを実践します。個性や独自性を社会全体へと役立てます。

- マゼンタ／ターコイズ
- シェイクカラー：ディープマゼンタ
- 使用部位：全身
- Ⓣ より深い理解、特に家族の像に関連した再確認。
- Ⓐ 私の意図は愛をもって人生をあらためて見ることです。

・このボトルを選んだあなたへのメッセージ・

ターコイズは、水の流れにたとえられます。天から注がれる雨は大地をうるおし、川から海へ流れつき、そして再び蒸発して天に戻ります。天と地をつなぐ水のように、意識と無意識をつなぐのが感情です。この大きな流れを信頼しましょう。流れる水のように、心を感じて感情を表現していくと無意識に触れ、内なるハートのメッセージに気づきます。大きな流れに心をゆだねて、海のように自由に、心から愛を込めて表現していきましょう。

Trust
信頼

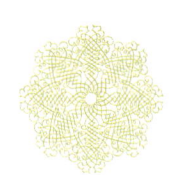

自分への信頼と、深い知恵で愛を実践

B76

ピンク／ゴールド

シェイクカラー：オレンジ

使用部位：下腹部の周囲（背中側まで帯状に）

Ⓠ 私たちが何のために生まれてきたのか、また私たちがなすべきことをどのように行うかを見つけるために、自己受容が自分の中にあるゴールドの領域の方向に導く。

Ⓐ 私はあるがままのあなたを愛することができるように自分自身を自由にします。

[選んだあなた] 深い自己信頼と自信
過去からの多くの経験による理解を持ち、内面から来る直観や知恵を信頼しています。自分を受け入れ、恐れを克服して、愛にあふれています。集中力と持続性、忍耐力があります。自分に自信を持って、決断することができます。

[下層] 自分の価値と知恵を輝かせる
ゴールド：過去の体験から得た深い知恵を持っています。物事を正しく見る識別力と理解力があります。自分を偽ることなく自己価値を認識して受け入れ、自分を輝かせています。腹がすわっていて、内面にあるパワーを正しく使います。知恵と歓びを周囲の人々とわかち合います。

[上層] 無条件に受け入れ、愛する力
ピンク：愛にあふれて、温かさと思いやり、やさしさを持っています。適切な自尊心を持ち、愛される価値があることを認め、ありのままの自分を受け入れています。自分とほかの人を無条件に愛することができます。地に足をつけ、目覚めた意識と女性的な直観を持って愛を行動します。

[シェイク] 過去を解放し、自立する強さ
オレンジ：怒りや恐れを克服し、過去を解放して新しく生まれ変わっていきます。深い知恵と直観を持って、愛を実践していきます。自分に信頼を持ち、自立していて、歓びと愛にあふれた人間関係を築きます。お腹（真のオーラの場所）から深く決断することができます。

このボトルを選んだあなたへのメッセージ

お腹にはゴールドの領域があり、そこに真のオーラが隠されています。大地に足をつけるイメージをして、大地とつながり、お腹まで深く呼吸をしましょう。あなたの真のオーラは輝き、深い直観という真の情報がやってきます。内側からの「知っている」という感覚を信頼しましょう。自分を受け入れるほど、内側からの感覚を信頼することができます。信頼をベースに、知恵が内側から輝きだし、隠されていた才能が開花していきます。

＊真のオーラ：魂の色の輝き。人生の目的と才能の情報を持っています。

The Cup

カップ

B77

聖なる愛への確信と完全性

[選んだあなた] 注がれる天からの愛と光
天から愛されていることを知り、たくさんの光を受け取り、細やかな愛を注ぎます。人々と愛をわかち合うことができます。多くの経験による可能性を持ち、それを実践できます。ヴィッキーがつくった最後のボトルで、マゼンタもクリアーもすべての色を含み、完全性と完璧さを表しています。

[下層] 細やかな愛と配慮を、日常にもたらす
マゼンタ：魂の深いところで神聖な愛と深くつながり、愛と細やかな配慮を持っています。日常の中に尊い神聖な愛と美を見いだすことができます。細部によく気がつき、日々の生活の中に、細やかな気遣いと愛を発揮します。人々をケアするように、自分をケアすることができます。

[上層] 光のシャワーで浄化と純化をもたらす
クリアー：意識の光を強くあてて自分自身を見ることができます。純粋な目で自分自身と世の中を見て、人生における苦しみの原因を理解しています。流されなかった涙は解放され、浄化され、自分自身と周囲を光で照らします。

[シェイク] 光を日常にもたらし実践する
ペールマゼンタ：愛に関する苦しみを克服して、純化されています。天からの神聖な愛を感じることができ、日常の中に光をもたらし、愛を込め、周囲へ奉仕します。幻想にとらわれることなく、意識がはっきり目覚めています。生命力にあふれて行動し、真の自己実現がなされていきます。

クリアー／マゼンタ

シェイクカラー：ペールマゼンタ

使用部位：全身

タントリックイルミネーションセット／ニューイーオンチャイルド拡張セット

Ⓣ 多くのことが光の奉仕の背景の中でまとまる。私たちが受け取ることにもっとオープンになればなるほど、もっと上から与えられる。

Ⓐ 私の前にあるものが、以前よりずっと明晰さを持って見ることができるように、私は幻想を手放します。

― このボトルを選んだあなたへのメッセージ ―

あなたの心に聖杯があります。天から注がれる神聖な愛を受け取るカップです。あなたが苦しんでいるときは、カップの中には涙が溜まっているかもしれません。カップを光で浄化して、マゼンタの光が注がれるイメージをしてみましょう。カップが愛で満たされると、無理なく自然に、その愛が外へとあふれ出します。あなたの足元から世界へ愛は広がります。天からの愛と光を受け取るほど、周囲へ与えられ、あなたのカップは大きくなっていきます。

95

B78

Crown Rescue /
The Transition Bottle
クラウンレスキュー／移行期のボトル

無限の可能性を持ち、変容していく

[選んだあなた] 大きな変容と移行を経験する
終わらせるべきことを終わらせ、新しい始まりのための大きな変容や移行を経験しています。人生の目的と使命を理解してそれを実践し、周囲へ愛と奉仕をもたらします。ヴィッキーが亡くなった後に生まれたボトルで、「ディバインレスキュー（神の救い）」とも呼ばれます。

[下層] 潜在意識に秘められた豊かな可能性
ディープマゼンタ：すべての色を含みます。多くの経験と可能性、才能が潜在意識に秘められていることを表します。その才能は、日常で十分活用でき、周囲のすべてのものに細やかな愛を注ぎ、気配りをすることができます。自分自身やほかの人を思いやり、ケアすることができます。

[上層] 癒され、変容して、奉仕する
バイオレット：熟考や瞑想を通して、自分の人生の目的と使命を理解し、それを実践できます。ヒーリングの才能があり、自分を癒し、変容することができ、ほかの人の変容を手助けして、人々に奉仕します。

[シェイク] 自己の深みからの変容と移行
ディープマゼンタ：自分自身を深く見て、内面に秘めた多くの可能性を引き出して、実践します。過去の深い悲しみは癒され、ネガティブな思考や感情が、ポジティブな質へと高まり、変容しています。古いパターンを終わらせ、人生での大きな変化や移行を乗り越える力があります。

バイオレット／ディープマゼンタ

シェイクカラー：ディープマゼンタ

使用部位：頭髪の生え際全体、頭頂部、額、首と喉

レスキューセット

星座：蠍座

Ⓣ すべての終わりに新しい始まりがある。「正しい」場所に私たちを導く道を見つける助けとなる強烈な奉仕。

Ⓐ 私はスピリットの莫大さとその輝きを、私が以前に見たことがない人生のあらゆる所に招き入れます。

このボトルを選んだあなたへのメッセージ

真の人生の目的を受け取るために、深い癒しと変容がもたらされています。あなたの内側に平和と愛があれば、穏やかに目的を受け入れ、エレガントに変容して、より強く不死鳥のように蘇ります。あなたが悲しみを克服したなら、悲しみを持つ人をサポートできます。あなたが自分を癒すことができたら、ほかの人の癒しを助けることができます。あなたが変容を乗り越えたら、ほかの人の変容の手助けができます。

＊変容：思考のあり方や感情の持ち方がポジティブな質へと高まっていくこと。

The Ostrich Bottle
ダチョウのボトル

B79

自己の内面から癒し、自立する力強さ

[選んだあなた] あふれる愛と知性
過去の経験からの深い洞察と、スピリチュアルなことに対する探究心があります。自分自身やほかの人々の心の傷を、深いところから癒すことができます。人のために役に立ちたいと願い、奉仕の精神を持っています。

[下層] 癒しと変容、奉仕の実践
バイオレット：魂の深いところで高い精神性を持ち、熟考や瞑想を通して、自分の人生の目的と使命に目覚めてそれを実践することができます。思考や感情をよりポジティブに変容させていきます。ヒーリングの才能があり、自分やほかの人に癒しと変容をもたらし、人々に奉仕します。

[上層] 過去を解放し、自立する強さ
オレンジ：自分に自信を持ち、自立しています。人間関係を大切にし、社交的で、真の人間関係を築きます。経験からの深い直観と洞察力を持ちます。洞察を通して内側にある自己の神聖さに気づいていきます。深い感情を克服して、過去を解放しているため、人生に深い歓びを感じられます。

[シェイク] 深い理解を通しての手放し、統合と変容
ディープオレンジ：古いものを終わらせ、悲しみや深い感情は癒されていきます。過去の経験からの深い理解による手放しと、変容が起きています。自己の内面を深く洞察して統合し、新たに人生を創り上げる、ねばり強さを持ちます。深い知恵があり、人々に教えることができます。

オレンジ／バイオレット

シェイクカラー：ディープオレンジ

使用部位：頭髪の生え際全体、下腹部（腰まで帯状に）

Ⓣ 洞察と変容。タイムラインのヒーリング。自らを試すことに耳を傾けることができる。

Ⓐ 私は再び真剣に困難と障害と向き合います。

このボトルを選んだあなたへのメッセージ

聴覚が敏感なダチョウは恐怖に直面すると、顔を土の中に埋めて大地に伝わる音から情報を得ていきます。あなたは深く耳を傾け、過去の受け入れがたかった出来事や、溜まった深い感情と直面して、それを受け入れ、手放そうとしています。それらの出来事は深い理解により消化され、次への基盤になります。手放し、癒され、変容へと導かれたあなたは、神秘的なことも深く理解できる、洞察にあふれた教師となります。

＊変容：思考のあり方や感情の持ち方がポジティブな質へと高まっていくこと。
＊タイムラインのヒーリング：過去から現在までの、時間の流れの滞りが解放されること。

Artemis

アルテミス

大地と、目覚めた女神のエネルギー

[選んだあなた] 母なる大地のような、力強さとやさしさ
地に足をつけた、生命エネルギーと愛にあふれる人で、母なる大地と女神のような、力強さとやさしさを持っています。意識が目覚めていて集中力があり、適切な行動がとれます。女性的な直観を現実に役立たせ、目標を現実化することができます。無条件の愛から行動します。

[下層] 無条件に受け入れ、愛する力
ピンク：魂の深いところで愛にあふれて、温かさと思いやりを持っています。自分自身や周囲を受け入れ、無条件に愛します。目覚めた意識と女性的な直感を持ち、自分自身と人々を思いやり、自分が心から望むことを行動していきます。

[上層] 愛にあふれたエネルギッシュな行動
レッド：愛のエネルギーにあふれ、自分が犠牲になってでも、ほかの人へ愛を与えることができます。怒りやフラストレーションは、適切な行動をすることにより克服しています。地に足がついていて、現実に根ざした直感力と集中力があり、愛と情熱を持ってエネルギッシュに行動します。

[シェイク] 意識の目覚め、創造性の開花
レッド：意識が目覚めていて、ほかの人にも覚醒をもたらします。母親との関係性や周囲の女性から、自分の女性性に気づき、とらわれていた古い愛のパターンから解放されていきます。内なる女性性と男性性が目覚めて統合され、創造的な才能や芸術的なセンスが開花していきます。

B80

レッド／ピンク

シェイクカラー：レッド

使用部位：下腹部（腰まで帯状に）

タントリックイルミネーションセット

Ⓣ 手放しのエネルギー、再び愛につながる。愛がさらに無条件の愛になる。愛の力に目覚める可能性。

Ⓐ この瞬間に私は自由になります。

・このボトルを選んだあなたへのメッセージ・

アルテミスは月の女神であり、自然や野生動物を守り、生態系のバランスのためにハンターをサポートする力強い女神です。大地とつながり、月の影響を受けて、あらゆるものを生み出す力を持ちます。アルテミスの愛と目覚めた集中力は、地球のエネルギーを引き上げます。このエネルギーがあなたの中にあります。あなたが自分を受け入れ、目覚めていくと、本当に望む人生を生み出し、創造していくことができます。

＊女性性：愛、感情、直感、受け取ること。　＊男性性：思考、理論、与えること。

Unconditional Love

無条件の愛

B81

無条件に自分を受け入れ、愛を実践

[選んだあなた] 条件のない愛で、自分を受け入れる
ありのままの自分を受け入れ、愛することができます。そして同じように人々を受け入れ、愛します。母親からの影響を受け女性的側面を強く持ちます。愛や受容、思いやり、感受性、直観力と集中力を持って行動します。周囲の人々を愛でサポートしていきます。

[下層・上層・シェイク] 無条件に愛を与え、受け取る
すべてピンク：愛にあふれて、温かさと思いやりを持っています。自分自身や周囲を受け入れて見返りを求めることなく、無条件に愛します。愛を受け取ることが難しいという困難さを乗り越えていて、ほかの人へ与える愛と同じように、愛を受け取ることができます。ハートが開いていて、人々と共感することができ、愛を与え受け取り、わかち合います。

✣

繊細で傷つきやすい側面も持ち、母親から多くの影響を受け、自己受容と無条件の愛を学んでいます。こうありたいという自分ではなく、今のありのままの自分を受け入れて認めていきます。適切な自尊心を持っています。過度の期待を手放して、自分が心から望む行動をすることにより、怒りやフラストレーションを克服しています。

✣

やさしさや直感などの女性的側面を強く持ち、それを受け入れています。地に足がついていて力強さがあります。意識が目覚めていて集中力を持ち、女性的な直感に従い行動して愛を実践します。あらゆる執着を手放しています。

ピンク／ピンク

シェイクカラー：ピンク

使用部位：下腹部（腰まで帯状に）

タントリックイルミネーションセット

星座：牡牛座

Ⓣ 慈悲、思いやりとあたたかさ。愛に関する表現と必要性。

Ⓐ 私は、私がなりたいようではなく、ありのままの自分自身を愛します。

このボトルを選んだあなたへのメッセージ

赤ちゃんは母親の羊水で守られ、温められ、栄養や愛情を受け取り成長します。赤ちゃんを包みこむ子宮の色はピンクです。あなたはこの無条件の愛を学んできました。あなたが自分に厳しいとき、人々はあなたに厳しく接します。自分を受け入れるほど、人を受け入れられ、周囲はあなたを受け入れます。あなたが人に優しく接してきたように、自分自身にもそうしてあげましょう。今のありのままの自分を受け入れることから始めましょう。

Calypso
カリプソ

B82

ハートの深い歓び、希望の光で道を進む

［選んだあなた］独立と自立の深い歓び
過去からの経験による深い洞察と深い直観があり、歓びを人々とわかち合うことができます。過去の感情の傷から解放され、自立していて、開いた心で自分の道を進みます。自然を愛し、自然のサイクルを理解しています。

［下層］経験からの深い理解と洞察力
オレンジ：過去の経験から得た、深い理解力と洞察力を持ちます。自分に自信を持って自立しており、真の人間関係を築き、明るく元気で社交的です。自己の深い理解により、過去のとらわれから解放され、人生に深い歓びを感じられます。新たに人生を創り上げるねばり強さがあります。

［上層］内なる調和と決断する力
グリーン：自然と調和し、自分のスペースを持っています。周囲に振り回されることなく、意識が自分のスペースの中心に定まり、バランスがとれています。広い視点から物事を客観的に見て、進むべき方向をハートで決断することができます。新しい環境で成長し、再生していきます。

［シェイク］希望の光、真の方向性を力強く進む
オリーブグリーン：過酷な環境でのハートの恐れや苦みは、知恵によって変容され、心に歓びと幸せがもたらされていきます。進むべき道に光をあて、新しい方向へ深く決断できます。どのような状況でも希望の光を失わず、力強く自分の道を進むことができます。ハートの強さと柔軟さがあります。

グリーン／オレンジ

シェイクカラー：オリーブグリーン

使用部位：胴体全体（背中側まで帯状に）

星座：牡羊座

Ⓣ 私たちが自分のためのスペースをつくるときに、現れる洞察。ハートからやって来る最も深い歓びが明らかになる。

Ⓐ 私は新たな決定に明晰さをもたらすであろう新しい決断を下す可能性にオープンになります。

このボトルを選んだあなたへのメッセージ

カリプソとは、西インド諸島の独立を祝う、深い歓びにあふれた伝統の歌です。自分自身を縛っている、過去の出来事や感情を再び受け入れ、そこから深く学んで、深い理解とともに解放されていきます。学びが深いほど、心に深い歓びがもたらされます。制限から解放され、お祝いの時がやってきました。あなたの真の自立と独立、自由と新しい方向性がもたらされていきます。

Open Sesame

オープン セサミ

B83

過去から得た知恵を、今に生かす

[選んだあなた] ハートの扉が開かれ、あふれる知恵
ボトルの名前は、アラビアンナイトの「開けゴマ」から。ハートの扉が開かれ、過去の経験から得た知恵を今に活用することができるため、最新のテクノロジーなどを受け入れることができます。獲得した知恵を人々と心からわかち合います。

[下層] 輝かせていく、自己価値と知恵
ゴールド：過去の経験から得た知恵を持つことを表します。識別力と理解力があります。自分を偽ることなく自己価値を受け入れ、真のオーラを輝かせ、自分自身を輝かせたいと願っています。腹がすわっていて、恐れの感情を克服しています。自分の内面にあるパワーを正しく使えます。

[上層] ハートからの自由で創造的な表現
ターコイズ：感情を自由に表現できます。創造的で自分の個性を芸術的表現などを通して発揮し、感じたことを多くの人々と、心からわかち合うことができます。大勢に対してのコミュニケーションが得意で、メディアやコンピュータで表現する才能を持っている場合もあります。

[シェイク] 希望の光、見えてくる真の方向性
オリーブグリーン：過酷な環境でのハートの苦みと恐れを、ハートの甘みと喜びに変えていく力と知恵があります。道に光をあてることができ、どのような状況でも希望の光を失わず、自分の進むべき道の方向を選択し、歩んでいくことができます。ハートの強さと柔軟さがあります。

ターコイズ／ゴールド

シェイクカラー：オリーブグリーン

使用部位：胴体全体（背中側まで帯状に）

Ⓣ インカネーショナルスターに関した個性化のプロセス。そこでは、ハートの創造的なコミュニケーションを通して表現された過去の知恵を見いだす。

Ⓐ 私はハートからわかち合うことができるように、私に明らかにされる知恵にオープンになります。

このボトルを選んだあなたへのメッセージ

あなたは多くの経験による知恵を、過去から携えてきました。時を経ても変わらない黄金の輝きが内側に隠されています。ほかの人と比べたり、自分を良く見せようとすると、緊張や恐れが生まれます。周囲と比べることなく、自分らしくあなたの個性を発揮することが、喜びになり、自己価値へと結びついていきます。緊張や、ハートの恐れが解放され、ハートの扉が開かれると、価値ある黄金の輝きとつながりはじめます。

＊真のオーラ：魂の色の輝き。人生の目的と才能の情報を持っています。
＊インカーネーショナルスター：受肉のための星。真のオーラの中にあります。

Candle in the Wind
風の中のキャンドル

B84

女性的な愛情、エネルギッシュな愛

［選んだあなた］キャンドルの炎のような、愛と温かさ、情熱
ボトルの名前は、エルトン・ジョンがマリリン・モンローに作った歌のタイトルと同じです。愛を求めて愛を生きた女性像を表しています。ありのままの自分を受け入れ、たくさんの愛と情熱を持ち、ほかの人にも愛を与えます。

［下層］愛にあふれたエネルギッシュな行動
レッド：地に足をつけ、魂の深いところで愛のエネルギーにあふれています。自分が犠牲になってでも、ほかの人へ愛を与えることができます。怒りや欲求不満は、自分を愛する行動をすることで克服しています。情熱を持ち、現実に根ざした直観力、集中力で、エネルギッシュに行動します。

［上層］無条件に受け入れ、愛する力
ピンク：愛と温かさと思いやりを実践していきます。ありのままの自分を受容し、ほかの人々を受け入れ、無条件に愛します。繊細さと傷つきやすさを克服していて、内なる強さを見いだすことができます。自分自身を思いやり、女性的な直感を持って愛を実践します。

［シェイク］内なる女性性と男性性の目覚めと統合
レッド：母親との関係性や、自分の中の女性性に気づき、とらわれていた愛のパターンから解放されて、あらゆる執着を手放しています。人々を思いやり愛するように、自分自身を思いやり大切にすることができます。意識が目覚めていて、内なる女性性と男性性が統合されています。

ピンク／レッド

シェイクカラー：レッド

使用部位：腹部の周り（腰まで帯状に）

タントリックイルミネーションセット

星座：双子座

①傷つきやすい感覚。より高い目的に向かう強さ。

④私が愛の力に自分自身を開く以前に過ぎ去ったことを手放します。

・このボトルを選んだあなたへのメッセージ・

キャンドルに炎を灯すためには、空気が必要です。けれど空気の流れが強すぎると、炎は消えてしまいます。炎は、暖かさと明るさ、愛と光の源です。愛を自分の外に求めて炎を灯すと、炎は風で消されてしまうかもしれません。あなたのハートに、永遠に消えることのない、愛の炎を灯しましょう。その光は自分の足元を暖めて照らし、内なる愛と強さを目覚めさせます。あなたの愛の炎は、人々のハートへ点火され広がっていくでしょう。

＊女性性：愛、感情、直感、受け取ること。　＊男性性：思考、理論、与えること。

Titania

タイタニア

B85

純粋な心で感じ、自由に表現する

[選んだあなた] 個性を生かしたハートからの創造的な表現
心から自分を表現することで浄化され、自分の個性をはっきりと知ることができます。感受性が豊かで、スムーズな感情表現と、個性や独自性を生かした豊かな創造性を持ち、ハートから多くの人々へ伝えていきます。個性を生かして、社会全体に役立てます。

[下層] 浄化と純化の光のシャワー
クリアー：自分の内面に意識の光をあて、自分をはっきりと見ることで、苦しみの原因の理解ができます。溜まっていた涙は解放され、感情は浄化されています。純粋な目で自分自身と世の中を見て、周囲にも光をもたらします。

[上層] 大勢の人々との、心からのわかち合い
ターコイズ：心からの自由な感情表現ができ、人々とわかち合うことができます。大勢の人々へ伝える能力と独創性があり、料理、ダンス、音楽、絵画、デザインなど創造的で芸術的な才能や、マスメディアやコンピュータを使った表現の才能を持つこともあります。

[シェイク] 感情の浄化、内なる教師とつながる
ペールターコイズ：感情を表現することの困難さを克服して、感情が浄化されています。水瓶座を生きる新しい人で、明晰に自分を見て、内なる教師とつながって心の声を聞くことができ、すべての答えを感じ取ることができます。人生を自由に選択して創造し、その責任をとる力があります。

ターコイズ／クリアー

シェイクカラー：ペールターコイズ

使用部位：胸周り（背中側まで帯状に）

星座：蟹座

Ⓣ 内なる光、意識のマインドに開く個性化の道。

Ⓐ 私は光の存在です。私は創造的です。

このボトルを選んだあなたへのメッセージ

水は流れないとよどみますが、感情も同じです。心を感じて表現すると感情は解放され、よどみが浄化されます。どんな感情も、ハートのメッセージを伝えようとしています。感情を表現していくほど無意識に触れ、本当はこうしたかったという、心の声に気づきます。感情が浄化されると、あなた独自の色が輝きはじめます。水瓶座の時代に向けて、個性を自由に開花させ、創造性を発揮していきましょう。

＊タイタニア：シェークスピア「真夏の夜の夢」に登場する妖精の女王の名前。
＊水瓶座の時代：占星術での大きな時代のサイクル上の、西暦2000年前後から始まる新しい時代。

Oberon

オベロン

B86

豊かな創造性、個性を社会に役立てる

[選んだあなた] 社会へ役立たせる、個性と創造性
感受性が強く、心が明確で、感情を豊かに表現していきます。過去の経験から得た知恵と深くつながり、個性を生かした新しい方法を見いだし、クリエイティブに表現します。遊び心と自由な発想で、自分の個性や創造性を、人々のために役立てることができます。

[下層] 多くの人々との、心からのわかち合い
ターコイズ：心からの自由な感情表現ができ、人々と分かち合うことができます。独創性を持ち、大勢の人々へ伝える能力があります。絵画、音楽、デザイン、ダンス、料理など、創造的で芸術的な才能や、マスメディアやコンピュータを使った表現の才能を持つこともあります。

[上層] 浄化と純化をもたらす光のシャワー
クリアー：内面に強く光をあて、自分の個性と向き合うことができます。純粋な目で自分と世の中を見て、苦しみの原因の理解に至っています。流されなかった涙は解放され、浄化され、自分自身と周囲へ光をもたらします。

[シェイク] すべての答えを知る、内なる教師
ペールターコイズ：感情を表現することの困難さを乗り越えていて、感情が浄化され、ハートが開いています。水瓶座の新しい時代を生きる人で、内なる教師とつながって心の声を聞くことができ、答えを感じ取ることができます。人生を自由に選択して創造し、その責任をとる力があります。

クリアー／ターコイズ

シェイクカラー：ペールターコイズ

使用部位：胸周り(背中側まで帯状に)、頭髪の生え際全体

ニューイーオンチャイルド拡張セット

Ⓣ 個性化の道の上にある光を理解すること。

Ⓐ 愛を背景に私を通して創造がそれ自身を表現することができるように、私は自分を開きます。

― このボトルを選んだあなたへのメッセージ ―

大きな時代の流れは、クリスタルのように透明な「水瓶座の時代」へ移行しつつあります。時代の移行の過程にある今、あなたの心にも光が注がれ、過去のあらゆる感情が浄化されています。純化されるにつれ、内側にある答えがはっきりと感じられます。ハートを信頼し表現していきましょう。より自由に、意識的に、責任を持って人生を選択していくことで、あなたは真の人生のクリエイターとなり、新しい世界へ光を広げていきます。

＊オベロン：シェークスピア「真夏の夜の夢」に登場する妖精の王の名前。
＊水瓶座の時代：占星術での大きな時代のサイクル上の、西暦2000年前後から始まる新しい時代。

Love Wisdom
愛の叡智

B87

深い洞察と知恵で、愛に目覚める

[選んだあなた] 自分を受け入れ、愛するための知恵
過去の報われなかった愛から学び、自分自身を受け入れ、愛するための知恵を持っています。過去の経験から得た深い洞察と直観があり、自立したうえで人々とつながって共存共栄していきます。美しいものを愛し、環境に対して繊細で、周囲の環境を美しく整えていきます。

[下層・上層・シェイク] 愛の知恵を実践、人間関係を築く
すべてペールコーラル：自分自身を深く受け入れ、愛することを過去の経験から学んで知恵にしています。与えても返ってこなかった報われない愛や、愛への恐れ、傷ついた過去の感情を理解して深く学び、過去を手放しています。ほかの人が必要とすることを与えることができます。

✥

自立したうえで真の人間関係を築き、周囲の人々と相互に支え合い、歓びと幸せをわかち合います。また、深い洞察を通して意識が目覚めています。自己の神聖さと美しさに気づき、人々の中にある神聖さを見ることができ、人類を愛します。新しい時代を生きる人で、愛と知恵を実践します。

✥

繊細さと思いやりを持ち、ほかの人を理解して、共感できます。愛と知恵を使って周囲と協力して共栄していけます。珊瑚のように周囲の環境に敏感な人で、傷つきやすい側面も持ちますが、内なる強さを見いだすことができます。周囲の環境を美しく保ち、自然や美しいものを愛します。物事を整え、調整する能力があります。

ペールコーラル／ペールコーラル

シェイクカラー：ペールコーラル

使用部位：下腹部（腰まで帯状に）、身体の右側

レスキューセット／ニューイーオンチャクラセット

星座：乙女座

Ⓣ 自己の投影を超えて自分自身を見ることができる。愛の知恵。

Ⓐ 私は過去にさよならを告げ、手放します。私は現在をありがたく思い、内側と周りのあたたかさと配慮を感じます。

・このボトルを選んだあなたへのメッセージ・

環境に繊細な珊瑚は、水や酸素、岩や藻などと共存して、光が届く美しい自然の環境で育ちます。深い感情の荷物を手放し、人間関係や周囲を見直して、環境を美しく整えましょう。過去から多くの愛を学び、真の学びが得られたら、もう同じ学びは必要ありません。新しく生まれ変わるために、過去を解放する時です。過去の愛の体験は、自分を受け入れるための知恵の光に変わります。あなたの内側に、愛と知恵があることを思い出しましょう。

Jade Emperor

翡翠の皇帝

B88

平和と自然を愛する、アーティスト

[選んだあなた] 自然を愛し、平和と調和を求める

自分自身に平和とバランス感覚を持ち、世の中の平和と調和を願っています。旅や自然を愛し、自然のサイクルを理解して、自然体でいられます。人生を心から創造的に表現する芸術家タイプで、心の声に従って生きています。

[下層] 心の平和とコミュニケーション

ブルー：魂の深いところで平和と自己信頼を持って、内なる対話ができます。頭脳が明晰で、豊かなコミュニケーション能力を持ち、人との信頼関係を築いていきます。上下関係などの権威に対する正しい認識を持って、真実を表現します。周囲に平和と信頼をもたらします。

[上層] 自然体でいられるゆとりの心

グリーン：自然を愛し、大地やクリスタル、自然との一体感を持っています。自分の時間と空間を大切にして、内なる調和がとれていてます。周囲に振り回されることなく、自分のスペースを持ち、その中心に定まっていて、真の方向性を選び取り、決断することができます。

[シェイク] ハートからの自由な表現

ターコイズ：自由に率直に感情を表現できます。自由な発想と独自性を持ち、感受性が豊かで、創造的表現や芸術的表現を個性豊かに発揮する、アーティスト、クリエイターの資質があります。自分の感じたことを、たくさんの人とハートからわかち合い、個性を社会全体へ生かします。

グリーン／ブルー

シェイクカラー：ターコイズ

使用部位：胸部（背中まで帯状に）、喉と首

Ⓣ 自分でまいた種は、自分で刈り取る。しかしどのように種をまくかが違いをつくりだす。

Ⓐ 私は、私のなす行いのすべてまたは何も行わないことで私の内側から内なる質が現れるのを許します。

このボトルを選んだあなたへのメッセージ

あなたの心が平和で自分を信頼するほど、真の方向性を見いだし、新しいスペースに踏み出せます。自分のスペースを持つことで、さらに信頼が育ちます。あなたの心のスペースはこのように成長して、大きくなっています。心にゆとりを持つと創造性が開花していきます。自己信頼から人々とのわかち合いへ、内なる対話から多くの人へのコミュニケーションへ、感じる心から創造的表現へ、内側から世界へと、可能性が広がっていくでしょう。

＊翡翠の皇帝：平和と真実を求めたとされる中国の統治者。老子に、人々の苦しみを救うための長寿の真珠を作るよう命じたといわれています。

Energy Rescue

エナジーレスキュー

B89

大地からのエネルギーで、愛と奉仕を実践

[選んだあなた] 意図する方向へ流れるエネルギー
生きるエネルギーと愛のエネルギーにあふれ、ヒーリングのためのエネルギーを持っています。人々のために愛を注ぎ、奉仕します。自分が決めた方向、意図する方向へ、エネルギーを流し、実現化させる行動力を持ちます。

[下層] 秘められた豊かな可能性を活用する力
ディープマゼンタ：すべての色を持つため、過去から多くのことを経験しています。自分の中に多くの可能性、才能を持ち、日常に生かすことができます。日常の中に細やかな愛、気配り、配慮をもたらしていくことで、天からの大きな愛が周りにあふれていることに気づいていきます。

[上層] 愛にあふれたエネルギッシュな行動
レッド：地に足がつき意識が目覚めていて、力強さと愛のエネルギーにあふれています。進む方向性を見いだし、愛と情熱を持ち、エネルギッシュに行動します。自分が犠牲になってでも、ほかの人へ愛を与えることができます。自分自身を愛し、自分が心から望むことを行動します。

[シェイク] 愛を実践していく力
ディープマゼンタ：大地のエネルギーを魂の成長のために使うことができます。天からの大きな愛を感じ、日常の小さな物事への細やかな愛として実践していきます。愛で人々を癒す力を持っています。人々をケアするように、自分自身にエネルギーを与え、ケアすることができます。

レッド／ディープマゼンタ

シェイクカラー：ディープマゼンタ

使用部位：下腹部（腰まで帯状に）

レスキューセット／タントリックイルミネーションセット

星座：獅子座

Ⓣ タイムシフト、とても大きな幸福に向かう新たな理解と新たな可能性への入口。

Ⓐ 私は私の前に現れる人生のあらゆる局面での創造性を見るためにオープンになります。

このボトルを選んだあなたへのメッセージ

意志の力はとてもパワフルです。意志の力は現実を引き寄せます。何もしたくないとき、何も決められないとき、エネルギーはもれて、あなたの無限の可能性は眠ったままになります。あなたが「こうしよう」と、目覚めて意図すると、そこへたくさんのエネルギーが流れていきます。自分を愛するために、どんな現実を望みますか？　それを心に描き、意図しましょう。パワフルにエネルギーが流れ、その方向へ実現化されていきます。

Wisdom Rescue

ウィズダムレスキュー

B90

愛と知恵を伝え、新しい時代へ向かう

[選んだあなた] 深く見て、内なる知恵を見いだす
過去の多くの経験から学び、知恵と識別力、思いやりと配慮を持ちます。恐れや混乱を乗り越えて、新しい物事の見方と秩序を見いだしています。学んだ知恵をほかの人々に伝え、わかち合うことができ、愛と歓びにあふれています。

[下層] 日常に生かされる豊かな才能
ディープマゼンタ：すべての色を持つため、過去から多くのことを経験しています。経験から獲得した、秘めた可能性や才能を現実に活用して日常に生かすことができます。日常に細やかな愛、気配り、配慮を注いでいくことで、大きな愛が注がれていたことに気づくことができます。

[上層] 内なる知恵とつながり、自分の価値を輝かせる
ゴールド：知恵と識別力と理解力があり、恐れや混乱した状況に解決を見いだします。腹がすわり、自分の内なるパワーを正しく使います。自分の価値を受け入れ、深く物事を知る知性と、それを人に教える才能があります。歓びを人々とわかち合います。

[シェイク] 知恵を日常にもたらす力
ディープマゼンタ：知恵の光を日常にもたらし、愛を高めていきます。細やかな愛、気配りを実践することに歓びを見いだします。天からの大きな愛を感じ取り、歓びを感じることができます。過去からの知恵を今に使いこなすことができ、愛と知恵によって人々をケアし、奉仕します。

ゴールド／ディープマゼンタ

シェイクカラー：ディープマゼンタ

使用部位：腹部全体（背中まで帯状に）

レスキューセット

① 伝授を受けた人が、この世で行動する方法を見つける。

Ⓐ お腹の中でくつろいで、この新しい見解から自分の人生を生きることで、自分自身が照らされていることを発見します。

・このボトルを選んだあなたへのメッセージ・

あなたは多くの経験を積み、知恵を携えてきました。その過去からの知恵は、今に生かされます。深い知恵の輝きに触れるために、お腹まで深く呼吸して、内なる星を見つけましょう。呼吸のたびに、お腹の内側に隠されている小さな星の輝きが、少しずつ大きくなるイメージをします。そして、日常の中に愛と知恵をもたらしましょう。この毎日の積み重ねにより、自分の本質に目覚め、内側の価値ある輝きと深くつながっていきます。

Feminine Leadership
フェミニンリーダーシップ

B91

希望の光で道を照らす、柔軟なハート

[選んだあなた] ハートの苦みを喜びに変える力
心の苦みや恐れを克服していて、ハートの喜びに変容させています。ほかの人の心の傷を理解し、心からサポートできます。理論と直観、愛とパワーのバランスがとれていて、自分や人々の進む方向性に、希望の光をもたらし、心遣いと思いやりを持ってリーダーシップを発揮します。

[下層・上層・シェイク]
女性的感性による、ハートからのリーダーシップ
すべてオリーブグリーン：ハートの恐れや苦みは知恵によって変容され、心に喜びと幸せがもたらされていきます。しなやかで開かれた心と女性的な直観、受容する力を持ち、愛と調和の心でリーダーシップをとって行動します。女神の質と大地とのつながりがあり、心の強さと柔軟性を持ちます。

✣

過酷な環境で育つオリーブの木のように、ハートの強さと、柔軟さ、機知を持って、困難な道を乗り越えていきます。進むべき道に光をあて、新しい方向を決断できます。困難な人生での苦みを、栄養と知恵へと変えています。自分らしい新しい方法で、人生の道を力強く進むことができます。

✣

どのような状況でも新しい始まりへの希望の光を忘れず、人生の道のりとプロセスを信頼しています。競争心による嫉妬を手放して、競争ではなく周囲と調和しながら、平和的な方向性へ向かいます。自分らしく率直に行動し、楽しみながら道を進みます。ほかの人にも希望の光をもたらし、方向性を導くことができます。

オリーブグリーン／オリーブグリーン

シェイクカラー：オリーブグリーン

使用部位：胸部、腹部（背中側まで帯状に）

ニューイーオンチャクラセット

星座：蠍座

Ⓣ 聖霊への信頼。愛はヒーリングの目的のために、愛のように見えないものすべてを表面にもたらす。予測する感覚ではなく、やって来るものに、ポジティブな気持ちであるという意味での希望。

Ⓐ 私は人生のプロセスを信頼します。そしてこのプロセスを通して、各瞬間に、私の道を落ち着かせる助けをする希望の感覚を認めます。

このボトルを選んだあなたへのメッセージ

私たちは自分を知る旅の途上、ほかの人と自分を比べて競争をして、心に苦々しい記憶を持っていました。過酷な環境で育ったオリーブの実は苦みがともなっていますが、加工すると甘みのある栄養価の高いものへと変わります。競争心を手放し、ハートの苦みが解放されると、守るために閉じていたハートが開いて、喜びを感じられます。痛みを知って、人に優しくなれます。ハートはしなやかに強くなり、大きく成長していきます。

Gretel
グレーテル

B92

女性的な感性で、周囲と共栄する

[選んだあなた] しなやかな心から、愛の知恵があふれる
過去の心の苦みや恐れを解放して、自分を愛するための知恵と喜びへと変容していきます。経験に基づく洞察力と女性的な直観があり、感じ取ったことを心から伝えることができます。自立していて、愛にあふれたしなやかな心でリーダーシップをとります。

[下層] 女性的資質による、ハートからのリーダーシップ
オリーブグリーン：女性的な直観と受容する力があり、無意識のレベルに女神のような慈愛に満ちた資質があります。過去のハートの苦み（恐れ）の経験から学び、喜びへと変えています。愛と調和の心でリーダーシップをとって行動します。

[上層] 過去を手放し自立する、愛の知恵
ペールコーラル：自分自身を受け入れ、愛を学んでいて、自分と人々を愛するための知恵を持っています。深い洞察を通して意識が目覚め、過去を手放しています。自己の神聖な側面に目覚めた新しい人として生まれ変わっています。自立したうえで真の人間関係を築き、周囲と支え合います。

[シェイク] 希望の光を持ち、愛と知恵を実践
コーラルオリーブグリーン：恐れを克服し、勇気を持って行動します。内なる愛と知恵へと変容のプロセスを体験しています。愛と知恵を実践し、人生に喜びを見いだして人々に希望をもたらします。競争ではなく、周囲と調和しながら共存共栄して、平和的な方向性へと導きます。

ペールコーラル／オリーブグリーン

シェイクカラー：コーラルオリーブグリーン

使用部位：胸周り、腹部の周り（背中、腰まで帯状に）

星座：射手座

Ⓣ フェミニンリーダーシップ、自立。競争ではなく協力。平和を優先する。

Ⓐ シンプルなことの中に私は自分が達成する真理と気づきを見つけます。

・このボトルを選んだあなたへのメッセージ・

オリーブグリーンもペールコーラルも女性的側面を持ちます。古代、オリーブの実はアテナ神に捧げられたといわれています。アテナは力強さと直観力、機知にあふれる女神です。あなたの中に、その女神のようなエネルギーが眠っています。過去からの苦みや恐れを、多くの経験を通して、愛の知恵へと変容していく力があります。内なる女神に目覚めましょう。愛の知恵と希望の光をもたらす、女神へと生まれ変わる時です。

＊グレーテル：物語の中で少女グレーテルは、魔女をかまどの中に押し込みヘンゼルを助けました。新しい時代の女性のリーダーシップを表しています。　＊変容：ネガティブな側面がポジティブな質へと変わって、高まっていくこと。

Hansel
ヘンゼル

B93

新しい時代の人として、創造性を発揮

[選んだあなた] 愛の知恵を、人々とわかち合う
感受性が豊かで、美しいものを愛します。自分の女性的な直観やフィーリングを信頼して、それを表現することができます。子どものような遊び心や独創性を持ち、創造的です。愛と知恵を、多くの人々と心からわかち合います。

[下層] ハートからの自由で創造的な表現
ターコイズ：魂の深いところでハートとつながり、自由に感情を表現することができます。遊び心と自由な発想力があり感性豊かで、個性を芸術やクリエイティブ表現で、多くの人々とハートからわかち合えます。メディアやコンピュータでの表現の才能を持っている場合もあります。

[上層] 自立して真の人間関係を築く、愛の知恵
ペールコーラル：経験から愛を学んでいて、自分や人々を受け入れ、愛するための知恵を持っています。深い洞察を通してはっきりと目覚め、恐れを乗り越え過去を手放しています。自立して真の人間関係を築き、周囲と支え合います。環境に繊細で、周囲を美しく整えていきます。

[シェイク] すべてが統合され、新しい時代を生きる
ディープバイオレット：すべての色を含みます。創造的な内なる子ども、内なる女性性と男性性が統合されていきます。すべての答えを知る内なる教師と、愛の知恵を持つ内なる神聖な側面に目覚めていきます。個性を社会全体に役立たせ、人々と共存共栄して、新しい時代を生きる人です。

ペールコーラル／ターコイズ

シェイクカラー：ディープバイオレット

使用部位：胴体周り全体(背中側まで帯状に)

星座：山羊座

Ⓣ 私たちが自分自身のさらに多くの側面を見るとき、ハートの真実を見つけることができるためには、影に直面する。

Ⓐ 私は二元性を超えて見ることや内なる統合の感覚を感じることができて幸運で嬉しく思います。

このボトルを選んだあなたへのメッセージ

ターコイズもペールコーラルも、新しい時代を象徴する色です。あなたの内側が統合され、内なる教師と、内なる神聖さが目覚めようとしています。過去の多くの愛と感情から学び、知恵を得て、内側に神聖さを持つ人間として生まれ変わります。愛と知恵の光はハートを照らし、すべての答えを知る内なる教師とつながります。心の声を聞き、真の人生の目的を受け取り、新しい時代に向けて人生を豊かに創造していきます。

＊ヘンゼル：物語の中で少年ヘンゼルがグレーテルに助けられたことから、女性的直観を信頼するテーマがあります。
＊新しい時代：占星術での大きな時代のサイクル上の、西暦2000年前後から始まる水瓶座の時代。

The Archangel Michael
大天使ミカエル

B94

平和な心で真実の道を選択する

[選んだあなた] 天の意志と、個人の意志が調和する
大天使ミカエルは、愛の剣で恐れや真実でないものを切り離し、真の方向へと導きます。あなたの意志が、それを超えた大きな意志を受け入れると、進むべき本当の道が見えてきます。新しいことへの恐れや混乱を手放し、平和な心と自己信頼を持って正しい道を決断することができます。

[下層] 知的な探求による自己知と喜び
ペールイエロー：魂の深いところで自分自身を知りたいと願い、自己の探求に喜びを感じ、知的な好奇心があり情報収集や学ぶことが大好きです。考え過ぎによる心配や混乱を手放していて、太陽のような明るさと明晰な決断力があります。日常に、幸せと喜びを感じることができます。

[上層] 内面との対話、周囲とのコミュニケーション
ペールブルー：平和と自己信頼を持っていて、自身の内面と対話ができます。明晰な思考力と表現力があり、自分と周囲の人々を信頼してコミュニケーションをとることができます。個人の意志を超えた大きな天の意志を信頼して、ブループリントを受け取り、それを実践していきます。

[シェイク] 平和と喜びの中、開かれる真実の道
ペールグリーン：天の意志と個人の意志がハートでひとつになり、人生における真実の道が開いています。恐れを手放していて、心に平和と喜びを持って決断できます。新しい変化と環境を受け入れ、真の方向に踏み出していきます。

ペールブルー／ペールイエロー

シェイクカラー：ペールグリーン

使用部位：胸周りからおへその周囲（背中側まで帯状に）、喉、首

大天使セット

Ⓣ 強烈な真実が、意識の進化に応じて明らかにされる。

Ⓐ 私は自分自身を受け入れることに開いていると、ハートの広がりを感じます。私は大地と大地が私に与えるものすべてとのつながりの深い感覚を感じます。

このボトルを選んだあなたへのメッセージ

人は誕生前にブループリントという、人生の計画を立てています。心から喜び、幸せと感じることがあなたのブループリントです。恐れがあると自分の心に従えず、真実を選択することができません。恐れを乗り越え、明晰に見て自分を知ると、エゴやしがみついていた思考が離れていきます。あなたは天から守られ、平和の中、ブループリントを受け取ろうとしています。あなたの意志と天の意志がひとつになると、真実を選択していくことができます。

＊大天使ミカエル：「神のごとき者」という意味の名前を持ち、ほかの大天使を統率する大天使です。
＊ブループリント：誕生前に決めてきた人生の計画、青写真。

The Archangel Gabriel

大天使ガブリエル

B95

自己価値に目覚め、新しい人生に踏み出す

[選んだあなた] 新しい始まりへの目覚め
大天使ガブリエルは、聖母マリアに受胎告知をした天のメッセンジャーで、意識の神聖な目覚めをもたらします。あなたは天から愛されていることを知り、たくさんの喜びを感じられます。真の自己価値と知恵に目覚め、新しく生まれ変わる、変化の時を迎えています。

[下層] 経験からの知恵の光で輝く
ゴールド：魂の深いところで多くの経験から学び、知恵を携えてきています。自分の価値を見いだし、歓びを持って知恵を実践できます。理由のわからない深い恐れや混乱した状況を乗り越え、自分のパワーを正しく使います。正しく物事を見る識別力、決断力、知性があります。

[上層] 神聖な愛、日常の中への細やかな愛
マゼンタ：細やかな愛情と配慮を持っています。物事の細部によく気がつき、日々の生活の中に、愛情深い気遣いを発揮します。日常の中に、尊く神聖な愛と美があることを見いだして、それを表現します。人生の目的と使命を受け入れ、愛を持ってそれを実践していきます。

[シェイク] 目覚めて、本当の人生が始まる
コーラル：自分の中の愛の知恵と、尊い神聖さに対して目覚めています。過去の経験から得た深い洞察と直感力があり、新しいことを生みだす創造力にあふれています。人生の目的を知り、目的に向かってスタートしようとしています。

マゼンタ／ゴールド	
シェイクカラー：コーラル	
使用部位：おへその周囲（背中側まで帯状に）、頭頂部	
大天使セット	
星座：水瓶座	
Ⓣ 私たちが真の目的に触れることができるようにスターからのメッセンジャー。	
Ⓐ より高き善に向かって発展するために、私に必要とされる知恵と愛を受け取ります。	

このボトルを選んだあなたへのメッセージ

あなたの真の輝き、真のオーラが輝く時がきています。なぜ生まれてここにいるのか、真の自分に目覚めるのです。あなたは天から愛され、ケアされ、養育されてきました。神聖な愛の光が注がれ、真のオーラが輝くことで、自分が誰であったかを知ります。目覚めたあなたは、大天使ガブリエルのように、人々に目覚めをもたらす、新しい人として再誕生していきます。知恵と喜びの光を輝かせ、内なる神聖さと内なる力につながりましょう。

＊大天使ガブリエル：「神の英雄」という意味の名前で、人々に目覚めと祝福のメッセージを伝えます。
＊真のオーラ：魂の色の輝き。人生の目的や才能の情報を持っています。

The Archangel Raphael

大天使ラファエル

深く見て、感じて、物事の神秘性に触れる

B96

[選んだあなた] 明晰な思考と、明確なコミュニケーション
大天使ラファエルは、深く遠くまで物事を見通す力を持ち、人々の深い平和と癒しをサポートします。あなたも、平和を見いだし、物事の微細なことまで深く見て、聞いて、感じ取ることができます。明晰な思考力を持ち、正しいコミュニケーションができます。

[下層・上層・シェイク] 高いコミュニケーション力
すべてロイヤルブルー：平和で、明晰な思考を持ち、的確に焦点をあてた明確な表現ができます。インスピレーションを受け取りやすく、高いコミュニケーション能力があり、受け取ったメッセージを表現する創造性を持ちます。

❊

感覚器官が敏感で、明確に見て、聞き、感じることを通してさらに五感が高まります。直感を受け取ることに関係する第六感が働きはじめ、神秘的なことの中に隠された深みを感じ取ることができます。思い込みの観念や幻想を取り払い、はっきりと自分と世界を見ることができます。頑固で過剰な思考を手放して、柔軟で自由な思考ができます。

❊

組織や上下関係などの深い権威の問題を乗り越えて、社会全体との一体感を感じられます。深い悲しみや孤立感を乗り越え、全体とのつながりを感じることができます。繊細な感性で、あらゆる物事の関連性を感じ、人間や地球との関係性だけでなく宇宙との関連性に目覚めていきます。深い平和の中、癒されていきます。

ロイヤルブルー／ロイヤルブルー

シェイクカラー：ロイヤルブルー

使用部位：髪の生え際全体、額、足

大天使セット／ニューイーオンチャクラセット

星座：魚座

Ⓣ 概念という創造的可能性を形にする。存在の高次のエネルギーの質に関する明晰性。

Ⓐ より明確に聞き、より鮮明に見、よりはっきりと味わうと直感が育ちます。隠れているものすべてが明らかになります。

このボトルを選んだあなたへのメッセージ

思考で頭がいっぱいのときは、何も受け取ることができません。頭の中につめ込まれた、思い込みや制限が取り払われると、自分と周囲の世界が、はっきり見て感じられます。あなたの思考が静まり、頭の中が深く平和になると、そこにアイデアやインスピレーションが注がれます。アイデアとビジョンは現実を創造する源です。それを受け取って、現実に創り上げていきましょう。あなたは真のクリエイターとなっていきます。

＊大天使ラファエル：「神は癒す」という意味の名前で、人々を癒し、世界に深い平和をもたらします。

The Archangel Uriel

大天使ウリエル

自己知と宇宙秩序の知恵で真実を生きる

B97

[選んだあなた] 心の平和と知恵
大天使ウリエルは太陽の光を地上に降ろし、知恵により宇宙の秩序をもたらします。あなたにも、深い平和と知恵があります。明晰な思考と物事を正しく識別する力、豊かな感性を持ち、理性と感性、思考と感情、高次の直観と内なる知恵の調和がとれていて、進むべき真の道を歩きます。

[下層] 物事の深みと神秘を感じ取る力
ロイヤルブルー：深く見て聞く敏感な五感と、インスピレーションを発揮する第六感が冴えています。隠れた神秘的なものを見て感じ取る力と高いコミュニケーション能力があり、インスピレーションを受け取ることができます。思い込みの制限を解放して、自由で柔軟な思考力を持ちます。

[上層] 経験からの深い知恵、内なるパワー
ゴールド：過去の経験から得た知恵を持って、物事を正しく識別する能力があります。自分を知ることに深い歓びを感じ、自分の価値と深くつながり、自己を輝かせていきます。恐れを克服していて、自分のパワーを正しく使えます。

[シェイク] 神秘の中にある真理を見いだす知恵
エメラルドグリーン：自然な境界線と自分のスペースを持ち、心と精神、魂の全体的な調和がとれています。深く真理を見る知恵があり、広く高い視野から見て、ハートから真の方向性を選択します。上下補色で統合されるとすべての色を含むため、あなたも無限の可能性を持っています。

ゴールド／ロイヤルブルー

シェイクカラー：エメラルドグリーン

使用部位：髪の生え際全体、こめかみ、胸周り、みぞおち（背中側まで帯状に）

大天使セット

Ⓣ 自己の真の目的に関する明晰性。ハートのより深い理解。

Ⓐ 智恵の光が自己の深みの内側から輝きます。私のハートを通して自ら表現されるスピリットのコミュニケーションを私は認め、開いています。

このボトルを選んだあなたへのメッセージ

あなたがこだわっている思考と感情を浄化して、解放していきましょう。思考と感情、インスピレーションと知恵がひとつになり、あなた本来の調和と秩序がもたらされようとしています。深く呼吸して、平和の中で、あなたの内側の星を輝かせていきましょう。真のオーラとハートがエメラルドに輝くと、ロイヤルブルーの夜空の中、星の輝きが方向性を示すように、真の目的と道がはっきり見えてきます。ハートから真実を感じ取りましょう。

＊大天使ウリエル：「神の光」という意味の名前で、地上に太陽の光と宇宙の知恵をもたらします。
＊真のオーラ：魂の色の輝き。人生の目的と才能の情報を持っています。

The Archangel Sandalphon / Margaret's Bottle

大天使サンダルフォン／マーガレットのボトル

愛の知恵で、ポジティブに変容する

B98

ライラック／ペールコーラル

シェイクカラー：ペールマゼンタ

使用部位：頭頂部、下腹部（腰まで帯状に）

大天使セット

星座：天秤座

① 4方向のエネルギーのつながり：上と下、左と右。私たちの中に存在するインナーチャイルドが、私たち自身である天使になる。

Ⓐ 私は私のアーススターとつながり、内なる子どもが私の上にあるエンジェルとひとつになって、私のスピリチュアルな質を深めていきます。

[選んだあなた] 愛の知恵による、癒しと変容

過去の人間関係から、自分自身を愛するための知恵を学んでいます。自分自身や人々を愛で癒し、ネガティブな状況をポジティブな方向へ変容させます。深い洞察力と直感力を持ち、人々に奉仕します。自然環境や美しいものを愛します。天の大きな愛と自己の神聖な側面に目覚めています。

[下層] 愛の知恵で新しい時代を生きる

コーラル：魂の深いところで自分を受け入れ、愛を学び、愛の知恵を持っています。深い洞察を通してはっきりと目覚め、恐れを乗り越えて過去のパターンを手放しています。自立していて、真の人間関係を築き、周囲と支え合うことができます。創造力にあふれ、新しい時代を生きる人です。

[上層] ネガティビティを燃やす、ライラックの炎

ライラック：高い精神性と奉仕の精神を持ちます。人生の目的と使命に目覚め、それを実践します。否定的な思考や感情は癒され、大きく変容しています。人々の癒しと変容をもたらすための媒体となって奉仕します。

[シェイク] 愛の知恵による変容、新たな目覚め

ペールマゼンタ：愛の知恵で奉仕し、自分や人々をケアできます。報われなかった愛と内なる子どもが癒され、変容して、新しく生まれ変わった目覚めた意識を持ちます。愛と知恵で周囲を癒し、変容させる力を持っています。天からの大きな愛を受け取り、日常の小さなことへ愛を注ぎます。

・このボトルを選んだあなたへのメッセージ・

あなたは愛を学んできました。その過程で報われない思いや、傷ついたことがあったかもしれません。過去を手放し、変容する時が訪れました。あなたは天の大きな愛に守られながら、ライラックの炎の中でネガティブな側面を燃やしつくし、大きな変容へ導かれています。炎と熱で金属やガラスが精錬され、新しく形をつくるように、変容がなされていきます。あなたは愛の知恵を持つ新しい人間として、目覚め、生まれ変わっていきます。

＊大天使サンダルフォン：「共通の姉妹」という意味の名前で、B100のメタトロンと双子の天使で、天から地まで届く巨大な天使といわれています。
＊マーガレット：ヴィッキーのパートナーであり、古くからの友人。

The Archangel Tzadkiel / Cosmic Rabbit

大天使ザキエル／コズミックラビット

自分を受け入れて新しい一歩を踏みだす

B99

[選んだあなた] しなやかな心で人生と自分を受け入れる
希望の光で新しい道を照らします。心の苦みや恐れを甘みと喜びに変え、しなやかな心で今のありのままの自分と人生を受け入れて、新しい一歩を踏み出そうとしています。女性的な直観や、愛と思いやりを持ち、心から人々をサポートします。愛を受け取り与える、ハートの聖杯を持ちます。

[下層] 受け入れ愛する力と女性的な直感
ピンク：魂の深いところでありのままの自分を受け入れ、愛にあふれて周囲に思いやりと配慮をもたらします。自分自身を思いやり、自分が心から望むことを行動します。大地に足をつけ、意識が目覚めていて女性的な直感を持ちます。

[上層] 希望の光で、真の方向性を照らす
ペールオリーブグリーン：どんな困難な状況でも、人生のプロセスを信頼して、希望を失わず、人々にも希望の光を与えることができます。過去の心の苦み（恐れ）の経験から、知恵の光が灯され、真の方向を見いだして一歩踏みだします。

[シェイク] 自己受容し、新しい道を進むしなやかな心
オリーブグリーン：ピンクもペールオリーブグリーンも女性的側面を表します。あなたは、女神の質と大地とのつながりがあり、しなやかな力強さを持っています。無条件に自分を受け入れ、進むべき新しい方向へスタートします。柔軟で広く強い心の器を持ち、愛と調和の心で女性的なリーダーシップをとり、平和と喜びを周囲へもたらします。

ペールオリーブグリーン／ピンク

シェイクカラー：オリーブグリーン

使用部位：みぞおちの周り、下腹部（背中、腰まで帯状に）

大天使セット

Ⓣ 自己の愛へ新たに開くことは、この世における自分の目的に向かっての一歩である。

Ⓐ この瞬間に私は自由になります。

このボトルを選んだあなたへのメッセージ

今のありのままの自分を受け入れ、ここからスタートしましょう。ハートに愛が満たされると、そこにあった恐れや苦みが解放されて、ハートが喜びを感じる真実の道を選択することができます。自分を愛するために、自分のやり方で新しく始めましょう。あなたのハートはしなやかに広がり、聖杯となります。天から神聖な愛の光が注がれ満たされ、周囲へあふれ出します。愛と希望の光で成長したあなたは、自分自身の美しい花を咲かせます。

＊大天使ザキエル：「神の正しさ」という意味の名前で、人々が正しい道を歩むことや、成長と再生を導きます。
＊コズミックラビット：うさぎは多産なことから、女性性の創造性豊かな側面を表しています。

B100

The Archangel Metatron
大天使メタトロン

自己の陰と陽に光をあてて統合する

[選んだあなた] 光と闇の統合
自分のネガティブな闇の側面に光をあて、はっきり自分を見ることができます。なぜそこに苦しみがあるのかを意識的に見て、原因に気づき、癒し、変容していきます。意識の光で自分を照らし、自分の中に眠っている、多くの可能性に気づいていけます。人々を癒し、ケアし、奉仕します。

[下層] 深く闇を見る力と無意識にある多くの可能性
ディープマゼンタ：多くの可能性と才能が無意識のレベルに秘められています。自己のすべての側面を否定することなく、深いところにあるものを見て、受け入れることができます。日常の中に思いやりと配慮をもたらし、天からの大きな愛に気づいて、自分をケアすることができます。

[上層] 純化の光が注がれ、クリアーに見る目
クリアー：意識の光をあてて、自己の陰の側面を深く見ようとしています。流されなかった涙が解放、浄化され、苦しみの理解に至ることができます。クリアーな目で自分と世の中を見て、自分自身と周囲の人々に光をもたらします。

[シェイク] 陰に光を照らし、闇と光が統合される
クリアーディープマゼンタ：クリアーもディープマゼンタもすべての色を含むことから、過去にさまざまな経験を積み、多くの可能性を発揮することができます。無意識に潜む陰の側面に光を照らし、光と闇を統合していきます。自分の中の陰と陽、そして物事の両面を見ることができます。

クリアー／ディープマゼンタ

シェイクカラー：クリアーディープマゼンタ

使用部位：全身、髪の生え際全体

レスキューセット／ニューイーオンチャイルド拡張セット／大天使セット／タントリックイルミネーションセット

Ⓣ 影の中に光を照らす。内なる世界に新しい夜明け。

Ⓐ 私が否定したことまたは自分自身の内側にノーと言ったことに'イエス'といって私は影に光をあてます。

このボトルを選んだあなたへのメッセージ

あなたは多くの経験を積み、光と闇を見てきました。光と陰は両方ともコインの裏表で、2つでひとつです。肯定性と否定性、女性性と男性性、すべての両極を見ていくことで、二極を統合していく時です。内側の闇に光をあて、受け入れることで浄化され、大きく変容していきます。あらゆる分裂を終わらせ統合して、本来のあなたの全体像に気づいていきます。統合するほど全体が見え、本来のあなたが輝きます。

＊大天使メタトロン：「神の顔」「神の代理人」「天使の王」「契約の王」と多くの名前を持ち、天と人間をつなぎます。

The Archangel Jophiel

大天使ヨフィエル

平和な心で創り出す、内なる楽園

［選んだあなた］ 心の楽園に帰る

大天使ヨフィエルは、アダムとイブに楽園から出る道を示した、楽園へ戻る道を知る天使です。あなたはいつも自分の心を感じて、心がやすらぎ、バランスを取り戻せるようなハートの楽園をつくることができます。柔軟な心と思考を持ち、平和で調和のとれた方向へ新しい一歩を踏み出します。

［下層］ ハートの柔軟性と強く広い心

ペールオリーブグリーン：困難な状況でも、内なる調和と心の平和を持ち、人生のプロセスを信頼して希望の光を持ちます。ハートの苦みと恐れを甘みと喜びに変え、道に知恵の光を灯して進むべき真の方向へ歩いていきます。柔軟な広い心で、女性的なリーダーシップをとります。

［上層］ 平和と信頼の中、天の意志を豊かに表現する

ペールブルー：天から守られているという安心感と平和な心を持ち、周囲にもやすらぎと信頼感を与える穏やかな人です。天の意志を受け取り、自分の人生の目的と調和して、豊かなコミュニケーションで表現します。

［シェイク］ クリエイティブに表現される個性

ペールターコイズ：ハートのスペースをしなやかに広げ、あなたの楽園が美しく整えられています。その中で心から表現して、人々とわかち合います。感性が豊かで、自由な遊び心と独創性、創造性を発揮します。自分の個性をクリエイティブに表現して、社会全体に生かします。

B101

ペールブルー／ペールオリーブグリーン

シェイクカラー：ペールターコイズ

使用部位：胸周り（背中側まで帯状に）、肩の周り、全身

大天使セット

Ⓣ ハートの庭に戻る道。私たちの存在の中に新しいレベルが開いていく。

Ⓐ 私は今歓びと感謝の感覚を持ってハートの庭に入るために自分自身を開いています。

このボトルを選んだあなたへのメッセージ

あなたのハートの中には庭園があります。心の目で見て感じましょう。庭園への門をくぐると何が見えますか？　ジャングルのように無秩序に草木が生い茂っていませんか？　ジャングルでは競争心や恐れが生まれます。手入れをして美しい木々や花や泉などでお気に入りの庭園をつくり、このくつろげる空間でやすらぎましょう。ここは本当の自分に帰るスペースです。あなたはいつでも庭園にいて、そこから自由に創造して表現していくことができます。

＊大天使ヨフィエル：「神の美」という意味の名前で、美と創造性をもたらします。
＊天の意志：個人（エゴ）を超越した大きな意志。

The Archangel Samael
大天使サミエル

B102

恐れからの解放、そして愛と平和

[選んだあなた] 平和的な方向への深い変容
大天使サミエルは、人々の魂が持つ生存への深い恐れを解毒して、恐れのない次元に引き上げます。あなたは内面の闇や恐れを深く見て、解決し、希望の光と愛で、平和的な方向に深く変容します。このボトルは9.11のNY同時多発テロ事件後に生まれました。

[下層] 深みにある多くの可能性、深く闇を見る力
ディープマゼンタ：多くの可能性と才能が無意識に秘められています。自己の魂の深みに闇を見つけることがあっても、受け入れることができます。天からの大きな愛を受け取り、日常の中で愛情ある行動がとれます。

[上層] ハートの柔軟性と強く広い心
ディープオリーブグリーン：困難な状況でも、人生のプロセスを信頼して、希望の光を見いだすことができます。ハートの深い苦しみと恐れを喜びに変え、知恵の光を灯して真の方向を決断し、力強く進みます。女性的な直感と柔軟な広い心で、リーダーシップをとることができます。

[シェイク] 愛と希望の光を見いだし、全体を生きる
ディープマゼンタ：上層と下層の色は、深みを帯びた陰陽の補色です。補色は統合されるとすべての色を含みます。あなたは全体を生き、無限の可能性の中から、愛と希望、平和的な方向性を見いだすことができます。恐れを克服して深く癒され、新しい始まりの一歩を踏み出していきます。

ディープオリーブグリーン／ディープマゼンタ

シェイクカラー：ディープマゼンタ

使用部位：胸部下から腹周り（背中側まで帯状に）、頭頂部、後頭部

大天使セット／レスキューセット

Ⓣ O-live（源を生きる）、自分の中にある希望に関わる新しい始まりを見つける。私たちの人生の基礎を何の上に築くか？

Ⓐ 私は私の信念と理想を再評価し、人生の状況のまっただ中で新たな希望の感覚を見ます。

このボトルを選んだあなたへのメッセージ

勾玉の2つを合わせると円になるように、人生には光の時期と陰の時期があり、2つで完全な円になります。光の中を前進するとき、これだけではひとつの勾玉で半円です。闇の中で立ち止まるとき、別の半円がやってきます。円を完成させ、成就させるためのもうひとつの半円です。この時期は次の光の時期への重要な準備期間で、深みを増すための大切な時期です。困難な時期こそ、その道の過程を信頼して希望と愛を見いだしましょう。

＊大天使サミエル：「神の毒」という意味の名前で、闇の世界を知る大天使。人々の深い恐れを解毒して引き上げます。

The Archangel Haniel

大天使ハニエル

B103

大いなる平和を表現し、輝き広める

[選んだあなた] 大いなる平和を、愛を持って具現化する
無限の可能性と高いコミュニケーションの才能があります。平和と信頼の心を持ち、自分自身と対話し、天の意志を受け入れ、人生の目的と計画を実践することができます。天の平和のエネルギーを、愛を持って具現化していきます。このボトルはピースレスキューとも呼ばれます。

[下層] 自己の深みにある多くの可能性を見る
ディープマゼンタ：多くの可能性と才能があなたの無意識に秘められています。あなたは自己の深みにあるものを見て、受け入れることができます。天からの神聖な愛を受け取ることができ、日常の生活の中で、愛に基づいた行動をします。

[上層] 守られて、天の意志とつながる
オーパレセントペールブルー：天の大きな力で守られ、平和な心とあらゆるものへの信頼を持って、周囲にも平和と安心感を与えます。天の意志と深くつながり、自分の人生の目的を知って、豊かな表現力で人生を創造して輝かせます。多彩なコミュニケーション能力があります。

[シェイク] 平和と愛の心で奉仕する
オーパレセントディープマゼンタ：平和と愛の心で、本来のあなたの輝きが強まっています。あなたは日常のすべての物事の中に、天の神聖さを見いだし、愛を注ぎます。自分が天から愛され、守られていることを知り、周囲に平和と愛の心で奉仕します。自分を滋養し、ケアすることができます。

オーパレセントペールブルー／ディープマゼンタ

シェイクカラー：オーパレセントディープマゼンタ

使用部位：喉、首、頭髪の生え際全体

レスキューセット／大天使セット

Ⓣ サポートと高次の意志。トンネルの向こう側に見える光が、はるか向こうでかすかに光り始める。

Ⓐ 私は今ここで、私の人生の肯定的なものすべてを瞬間瞬間確認します。

このボトルを選んだあなたへのメッセージ

あなたは天から神聖な計画と、それを実践するための才能という贈り物を持たされ、祝福されて生まれてきました。天との約束と贈られた才能を思い出しましょう。あなたが心から喜び、幸せと感じることを行なうほど、人生の目的へ向かい、輝きを強めます。その輝きは周囲へ、そして天に届きます。ひとつの目的を実践すると、次の目的に導かれます。真の目的に近づき、あなたの魂とオーラはいっそう輝きを強めます。

＊大天使ハニエル：「神の栄光」という意味の名前で、人生に美ときらめきをもたらし、友情と愛、喜びと幸福を導きます。
＊オーパレセント：オパールの輝きを帯びているという意味。　＊神聖な計画：誕生前に決めた、人生の計画、青写真。

The Archangel Chamael
大天使カマエル

B104

天からの大きな愛を、人々とわかち合う

[選んだあなた] **無条件の愛と、天からの愛**
ありのままの自分を受け入れていて、女性的な直観を持ちます。天からの大きな愛を受け取り、自分自身やほかの人々に愛と思いやりを発揮できます。心が開かれ輝いて、人々にたくさんの愛を与え、受け取り、わかち合うことができます。女神のような質を持った人です。

[下層] **天からの大きな愛を、日常で実践する**
マゼンタ：多くの経験により、無意識の中に多くの可能性と才能が秘められています。家庭や日常の中に細やかな愛と配慮、思いやりを発揮することができ、人々をケアし、愛で奉仕します。天からの大きな愛に気づき、自分自身を癒しケアすることができます。

[上層] **苦しみを乗り越え、無条件の愛に目覚める**
イリデッセントピンク：地に足がつき、はっきり目覚めていて、ありのままの自分を受け入れ、愛することができます。イリデッセントはシルバーのエネルギーを持ち、あなたは天に守られながら愛に起因する苦しみの原因に気づき、執着を手放していきます。人々に惜しみなく愛を与えられます。

[シェイク] **愛をわかち合い、ハートが輝く**
イリデッセントマゼンタ：自分を受け入れ、愛することを学んでいます。小さなことに細やかな愛を注ぎ、天の神聖で大きな愛に気づいています。自らが受け取ったたくさんの愛を人々とわかち合い、ハートが開いて輝いています。

イリデッセントピンク／マゼンタ

シェイクカラー：イリデッセントマゼンタ

使用部位：胸周り、下腹部（背中、腰まで帯状に）、あるいは全身

大天使セット／タントリックイルミネーションセット

Ⓣ ありのままである。愛のための新たな始まり。存在の新しい秩序。

Ⓐ 私はあるがままの自分自身を愛します。私はそうなりたい自分を手放します。

このボトルを選んだあなたへのメッセージ

あなたにはたくさんの愛と情熱があります。時には情熱を注ぎ過ぎて執着になり、苦しみを感じるかもしれません。どのような状況でも、あなたは母なる地球と天から守られ、愛されています。今の自分と、今の状況を受け入れましょう。今、ここから始まります。しっかり地に足をつけて、大地の愛とエネルギーを受け入れ、天から神聖な愛が流れてくるのを感じましょう。２つの愛のエネルギーはハートで出会い、ハートは輝き開いていきます。

＊大天使カマエル：「神の力」「神の存在を証明する者」という意味の名前で、ゲッセマネの園で祈るキリストの前に現れ、愛で包み込んだ天使。
＊イリデッセント：虹色に輝くという意味。

The Archangel Azreal

大天使アズラエル

B105

新しい時代の人として、目覚め輝く

[選んだあなた] 過去からの解放により、新しく誕生する
過去の多くの経験により、自己を受け入れ、過去を手放していきます。深い洞察力と直観、愛の知恵という、女神の資質に目覚めて、自己の内面が深く統合されています。愛にあふれ、人生に深い歓びを感じることができます。

[下層] 愛を学び、愛の知恵に目覚める
コーラル：無意識のレベルで、人間関係や愛の経験から深く学び、過去の経験で受けた傷を手放し、自分やほかの人を愛するための知恵を携えています。依存や過去の古いパターンを手放していて、自立したうえで周囲の人々と相互に支え合い、共存共栄して真の人間関係を築いていきます。

[上層] 内なる神聖さ、女神の資質に目覚める
イリデッセントコーラル：深い直観、受容力、愛を育む知恵を持つという、女神の資質に目覚めています。女性性と男性性の統合が起こり、新しい時代の人間として輝いています。自分自身と人々の中にある尊い神聖さと美に気づき、人類を愛して行動します。

[シェイク] 深い理解による過去の解放と、新しい目覚め
イリデッセントコーラル：今まで否定してきた自己の陰の側面を受け入れ、深い洞察と理解を得て、過去の古い習慣を手放していきます。内なる尊い神聖さに目覚めて、生まれ変わった新しい目で自分自身と世の中を見て、愛と知恵を実践し、歓びを感じることができます。

イリデッセントコーラル／コーラル

シェイクカラー：イリデッセントコーラル

使用部位：下腹部（腰まで帯状に）、身体の右側

大天使セット

Ⓣ 深い洞察、エクスタシー、高揚。

Ⓐ 私は愛の現実の中で呼吸しながら、自分のカルマのつながりを緩めています。

・このボトルを選んだあなたへのメッセージ・

「1」は男性性の学びの数で、西暦1000年代は男性性優位の時代でした。思考や理論が優先され、パワーと権威で、闘争をくり返し、その長い間の記憶は人間の深くに刻まれてきました。「2」は女性性の学びと、2つのバランスの数です。2000年代を迎え、愛、感受性、直感力、受容という女性的側面を受け入れ、内なる女神が目覚める時が来ました。内なる女性性と男性性が統合された新しい人間へ、あなたは生まれ変わっていきます。

＊大天使アズラエル：「神の救い」「神を助ける者」という意味の名前で、神の命令でアダムとイブを創ることを助けたといわれています。
＊水瓶座の時代：占星術での大きな時代のサイクル上の、西暦2000年前後から始まる新しい時代。

The Archangel Ratziel

大天使ラツィエル

B106

あらゆるネガティビティを変容させる力

[選んだあなた] 錬金術による変容の力
大天使ラツィエルは、錬金術による変容の力を与えます。あなたは過去の心の苦しみと恐れに関連した状況や環境に意識的になり、甘みと喜びへと変えていきます。くり返されてきたネガティブな習慣に気づき、大きく変容する知恵を持ち、より平和的な方向性へと向かいます。

[下層] ライラックの炎による大きな変容
ミスティライラック：思い込みのパターンや、ネガティブな思考と感情が燃やされて精錬され、ポジティブな性質へと、あらゆるものが大きく移行し、変容していきます。高い精神性と奉仕の精神を持ち、自分自身を癒し、変容させるとともに、人々にも癒しと変容をサポートします。

[上層] ハートの苦しみを甘みへ変容するしなやかな心
ミスティペールオリーブ：経験による知恵で、心の苦しみを甘みへ変えています。柔軟で強い心を持ち、困難な状況でも人生のプロセスを信頼して、新たな希望の光を見つけることができます。ハートがしなやかに開かれ、道に光をあて真の方向性を見いだし、新しい一歩を踏み出します。

[シェイク] 人生の目的を受け取り、真の方向に踏み出す
ライラックをちりばめたペールオリーブ：過去の古い習慣や、ネガティブな思考と感情は焼き尽くされて、すべてがポジティブな資質に大きく変容されます。真の人生の目的を受け取り、意識的になってそれを実践します。

ミスティペールオリーブ／ミスティライラック

シェイクカラー：ライラックをちりばめたペールオリーブ

使用部位：みぞおちの周り（背中まで帯状に）、頭髪の生え際全体、側頭部

大天使セット

Ⓣ 相関的な関係を維持することと、ハートの内なるアルケミー（錬金術）。

Ⓐ 私は地上におけるその計画の発展に意識的に参加しています。

・このボトルを選んだあなたへのメッセージ・

あなたは新しい時代への準備として、大きな変容の過程にいます。錬金術のような大きな変成には熱が必要です。氷は熱で溶けて水へ変わります。水に熱を与えるとさらに波動は高まり、水蒸気へと変わります。熱は愛です。間違った観念や古い習慣のかたまりが溶けて、あなたはより柔軟に、より軽くなろうとしています。頑固さやハートの苦しみは、愛の炎と知恵の光で変容され、より波動を高めて、神聖な道へ踏み出していきます。

＊大天使ラツィエル：「神の秘密」という意味の名前で、世界の具現化の法則と秘密を知り、錬金術を会得した大天使。
＊ミスティ：霧がかかった、神秘的なという意味。
＊錬金術：ネガティブなものをよりポジティブな質へと高め、形を変え、変容させること。

もっと
オーラソーマシステムを
知りたいあなたへ

チャクラとオーラ

7つのチャクラはエネルギーセンターで、情報とエネルギーをとり入れ、
その人独自の世界、オーラをつくり出します。

虹の7色と人の身体

色は光からできています。透明な光がプリズムにあたって光が分かれると、虹の7色が見えます。これは振動数の違いによるもので、すべての色がひとつにまとまると、再び透明な光へ戻っていきます。ドイツ語の「Hue（ヒュー）」は色相という意味で、「Hue-man（ヒューマン）」は"色の人"を表しています。人は色からできているのです。私たちの身体は、光と色の結晶体です。

各色と身体の部位は対応して、私たちは虹の7色すべての色を持っています。人間はオーラという光の身体も持っています。色は意識や精神、感情（オーラ）に働きかけ、身体にも情報とエネルギーを与えていきます。

オーラはその人の世界

オーラは身体をとりかこむ光で、その人のその時の世界、雰囲気と印象をかもし出します。爽やかな印象のときは爽やかなオーラで、よどんでいる印象を与えるときにはよどんだオーラになっています。その時々の状況、思考や感情、健康状態によって、オーラの状態は刻々と変化しています。「オーラがある人」「スターにはオーラがある」などといわれますが、オーラが強く美しく輝くと、その人そのものが輝いて見えるのです。オーラがきれいに輝いている人は、輝く星のような存在です。

人ごみの中にいると、具合が悪くなることはありませんか？ それは自分のオーラの中にたくさんの人のオーラが入り込むためです。ほかの人からのネガティブな影響を受けると、オーラは疲れていきます。また自分の思考と感情がオーラに映し出されますので、ネガティブな思考や感情があると、その人のオーラは暗くなり、強さを失います。

心身ともに元気なときは、オーラの境界線がはっきりしていて、つやと弾力がありますが、バランスを崩しているときは、オーラの境界線があいまいで、オーラ全体が弱く感じられます。そのような状態のときは、弱々しい印象やどんよりした印象を与えてしまいます。

オーラはチャクラからつくり出される

私たちは、酸素や食べ物のほかに、「気」や「プラーナ」と呼ばれる宇宙の生命エネルギーを取り入れることで生きています。この宇宙の生命エネルギーを取り入れるエネルギーセンターがチャクラで、一般的には虹の7色に対応する7つのチャクラがあるといわれています。

チャクラから取り入れられた宇宙の生命エネ

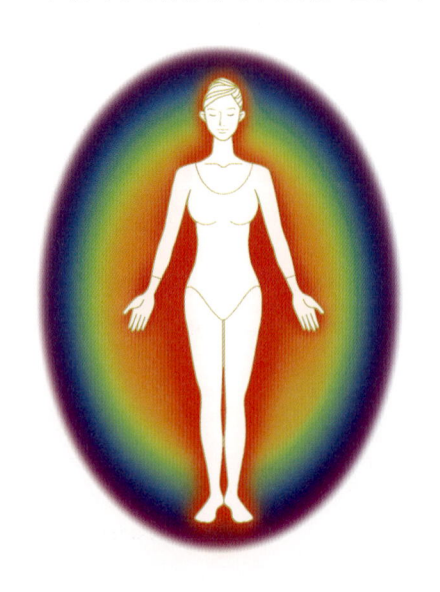

ルギーは、その人の小宇宙であるオーラへと変換されます。ひとり一人が持つ小宇宙がオーラであり、バランスのとれたオーラはきれいな卵形をしています。このオーラをつくり出しているのが、チャクラです。

チャクラとは、サンスクリット語で「車輪」という意味です。チャクラは、エネルギーを回転させながら取り入れています。チャクラとオーラは関連し合っていますので、チャクラがつまっていたり、汚れたり傷ついたりすると、オーラの色が濁り本来の色を失い弱くなります。

逆にオーラが傷つけられると、チャクラにも影響を及ぼします。それぞれのチャクラも関連し合っています。イクイリブリアムボトルは色と対応するチャクラに共鳴し、バランスをもたらします。その結果、その人本来の美しいオーラになっていきます。

3つの重要な星

3つの星は7つのチャクラ以外の、重要なエネルギーセンターです。3つの星には人生の目的と使命が含まれています。この3つの星を輝かせ、調和をとることで、スムーズにエネルギーが流れはじめ、7つのチャクラが活性化して、才能と資質を開花させることができます。しっかり地に足をつけることから始めましょう。

①アーススター（地球の星）
アーススターは足の下30cm位のところにある星で、レッドと共鳴します。私たちが肉体を持って地球に生まれ、地に足をつけて人生の目的と使命を実践し、行動するための星です。

②ソウルスター（魂の星）
ソウルスターは第7チャクラ（頭頂部）の上30cm位のところにある星で、マゼンタと共鳴します。人生の目的と使命、魂のすべての情報を持ちます。

③インカーネーショナルスター（受肉の星）
おへその少し上、少し内側のゴールドのエリアにある、人間として生まれるための星です。真のオーラの中にあり、人生の目的と使命を記憶しています。

真のオーラは、ソウルカラー（魂の色）を含み、魂はその色の光に乗って転生してきています。真のオーラは外側に表れるオーラの色のように、変化することはありません。

地に足をつけることで、アーススターが目覚め、そのエネルギーはインカーネーショナルスターへと上昇します。同時にソウルスターから情報が降りてきます。ソウルスターの情報がもたらされるにつれ、インカーネーショナルスターは輝き、自己実現していきます。アーススターとソウルスターからの愛のエネルギーは、ハートで出合い、ハートから愛が表現されます。

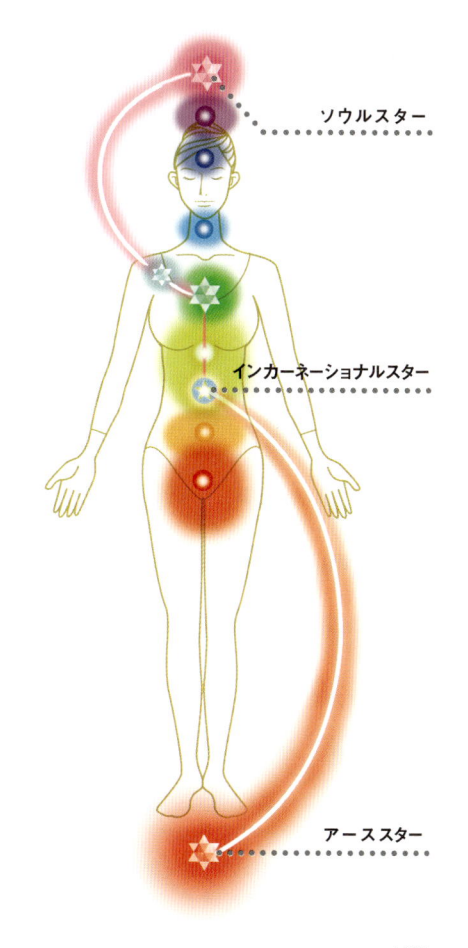

チャクラの働き

さまざまなエネルギーと情報を取り入れるチャクラ。
ひとつ一つのチャクラに、それぞれの働きがあります。

〈第1チャクラ：レッド〉
地に足をつけ、現実を生きる

[チャクラの働き] 第1チャクラと共鳴する色はレッドで、尾てい骨に位置します。「ベースチャクラ」ともいわれ、生存のための情報とエネルギーを取り入れ、すべてのチャクラの基盤となります。生きるために必要な血液と関連して、血族や家族の絆もつかさどります。物質的・身体的側面にエネルギーを供給し、地に足をつけて現実を生きること、生きる情熱と勇気をもたらすことに関連します。

[バランスを崩すと] 身体的なパワー不足や血液の問題、地に足がついていない、何かをすることが面倒でやる気が起きず長続きしない、仕事とお金の問題や、極度に物欲が強まるなどの状態が起きてきます。

[バランスを取り戻すために] チャクラセットのB5（イエロー／レッド：P23）、もしくは拡張チャクラセットのB6（レッド／レッド：P24）がおすすめです。下腹部から下〜足全体につけたり、未使用のボトルB5、B6を20〜30分ほど、下腹部より下に置いておくのもよいでしょう。レッドのポマンダーもおすすめです。

〈第2チャクラ：オレンジ〉
自立と親しい人間関係

[チャクラの働き] 第2チャクラと共鳴する色はオレンジで、下腹部に位置します。肉体感覚やセクシュアリティをつかさどる自立するためのチャクラです。内なる女性性と男性性を受け入れることや、親しい人間関係を引き寄せます。物事を現実に生み出す創造性と関連し、ねばり強さや向上心をもたらします。

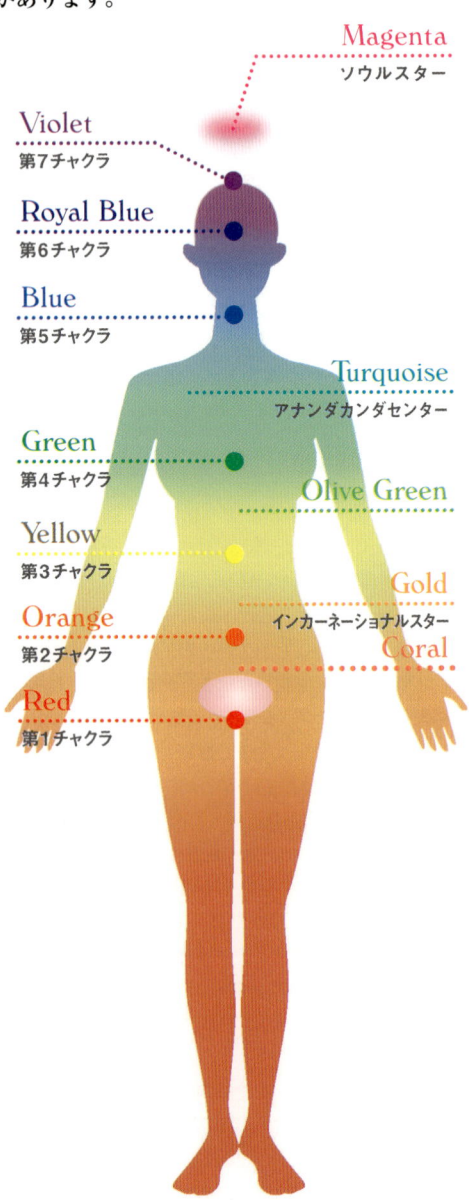

Magenta — ソウルスター
Violet — 第7チャクラ
Royal Blue — 第6チャクラ
Blue — 第5チャクラ
Turquoise — アナンダカンダセンター
Green — 第4チャクラ
Olive Green
Yellow — 第3チャクラ
Gold — インカーネーショナルスター
Orange — 第2チャクラ
Coral
Red — 第1チャクラ

[バランスを崩すと] 深い恐れを感じ、自信が持てない、自立できず依存してしまう、現実になる前に計画倒れになるなどの状態や、人間関係の問題が起きてきます。蓄積された感情、ショックやトラウマは、第2チャクラに記憶されます。
[バランスを取り戻すために] チャクラセットのB26（オレンジ／オレンジ：P44）がおすすめです。このボトルは、下腹部周りと腰まで帯状につけたり、左半身（左耳たぶの下から、左足の裏まで）につけます。未使用のボトルB26を20～30分間、下腹部に置いておくのもよいでしょう。オレンジのポマンダーもおすすめです。

〈第3チャクラ：イエロー〉
自己認識とパワー中枢

[チャクラの働き] 第3チャクラに共鳴する色はイエロー。みぞおちに位置し、神経系や消化器系と関連します。自己を知り、社会とつながるためのチャクラで、太陽神経叢とも呼ばれます。自分のパワーを発揮する中枢であり、思考にともなう感情、経験から学ぶ知恵、明晰な思考、分析力、決断力、理解力をつかさどります。
[バランスを崩すと] 自分がわからない、周囲の目を気にして自分の個性を発揮できない、優柔不断、神経質になる、不安や心配、緊張や恐れ、社会やパワーに対する恐れ、出来事が消化できないなどの状態が起きてきます。
[バランスを取り戻すために] チャクラセットのB4（イエロー／ゴールド：P22）、もしくは拡張チャクラセットのB42（イエロー／イエロー：P60）がおすすめです。みぞおちの周囲、背中側まで帯状につけたり、未使用のボトルB4、B42を20～30分みぞおちに置いておくのもよいでしょう。イエローのポマンダーもおすすめです。

〈第4チャクラ：グリーン〉
愛、感情を感じるスペース

[チャクラの働き] 第4チャクラと共鳴する色はグリーン。胸部に位置し「ハートチャクラ」とも呼ばれます。自分を受け入れ愛することや、感情を感じるチャクラです。境界線を持つことで自分のスペースが生まれ、自分や周囲との調和がとれます。7つのチャクラの中間にあり、上下のチャクラをつなぎます。
[バランスを崩すと] 自分や他者を愛せないという愛の問題や、反感や嫉妬などの感情の問題が起こります。やりたくないことを強いられる、自分の中心軸が外れ、外部に振り回されるなど内なる調和を欠いた状態になります。
[バランスを取り戻すために] チャクラセットのB3（ブルー／グリーン：P21）、もしくは拡張チャクラセットのB10（グリーン／グリーン、P28）がおすすめです。ハートの周囲、背中側まで帯状につけたり、未使用のボトルB3、B10を、20～30分ハートに置いておくのもよいでしょう。グリーンのポマンダーもおすすめです。

〈第5チャクラ：ブルー〉
コミュニケーション

[チャクラの働き] 第5チャクラと共鳴する色はブルーです。喉に位置しており、あらゆるコミュニケーションをつかさどっています。平和と自己信頼を持って表現すること、ブループリントを受け取って人生を創造していく力、自分の中に正しい権威に対する意識を持つこと、意志の力、責任を持つ力、秩序、自己管理能力と関連しています。
[バランスを崩すと] コミュニケーションの問題、過剰な責任感、問題を人のせいにする傾

向、権威に萎縮する、権威的になる、物を片付けられない、秩序立てて物事を考えられない、寂しさ、悲しみなどの状態が起きてきます。

[バランスを取り戻すために] チャクラセットのB2（ブルー／ブルー：P20）がおすすめです。首と喉の周りに帯状につけたり、未使用のボトルB2を首の周辺に20〜30分間、置いておくのもよいでしょう。ブルーのポマンダーもおすすめです。

〈第6チャクラ：ロイヤルブルー〉
自分と世界を見る、感覚器官

[チャクラの働き] 第6チャクラと共鳴する色はロイヤルブルーです。額に位置しており、「第3の目」とも呼ばれています。目や耳など感覚器官と関連し、どのように自分と世界を見るかということに関わっています。イメージやビジョンを視覚化する能力と世の中を見通す力、深く聞く力を与えます。宇宙や世界全体とつながり、インスピレーションを受け取る力とも関連しています。

[バランスを崩すと] 自らの制限の壁をつくって、自分や周囲が見えない状態になり、アイデアが浮かばない、空想やバーチャルな世界に逃避する、過剰に繊細で人間関係や社会との関係が苦手になり引きこもりがちになる、落ち込みなどの状態が起きてきます。

[バランスを取り戻すために] チャクラセットのB1（ブルー／ディープマゼンタ：P19）、もしくはニューイーオンチャクラセットのB96（ロイヤルブルー／ロイヤルブルー：P114）がおすすめです。額や目のくぼみにつけたり、未使用のボトルB1かB96を額や頭の周辺に20〜30分置いておくのもよいでしょう。ロイヤルブルーのポマンダーもおすすめです。

〈第7チャクラ：バイオレット〉
高次元とのつながり

[チャクラの働き] 第7チャクラと共鳴する色はバイオレットで、頭頂部に位置し、「クラウンチャクラ」とも呼ばれます。すべてのチャクラのテーマと人格を統合します。より高い精神性、霊性に目覚め、人生の目的や使命を知り、その目的に謙虚さを持って奉仕することと関連しています。意識がより高次元へ移行し、変容することをつかさどるチャクラです。

[バランスを崩すと] 霊性に目覚められず人生の目的がわからない、考え過ぎて頭が一杯になる、天上界など上とのつながりのみを求めて現実離れしてしまう、深い悲しみや現実逃避などの状態が起きてきます。

[バランスを取り戻すために] チャクラセットのB20（ブルー／ピンク：P38）、もしくは拡張チャクラセットB16（バイオレット／バイオレット：P34）がおすすめです。頭頂部や髪の生え際全体にぐるっとつけたり、未使用のボトルB20かB16を頭頂部に20〜30分置いておくのもよいでしょう。バイオレットのポマンダーもおすすめです。

〈ソウルスター：マゼンタ〉
天からの愛、すべての情報

[スターの働き] ソウルスターと共鳴する色はマゼンタです。頭頂部より、さらに上方に位置しています。高次元の自己、神聖な自己への目覚め、天からの神聖な愛を受け取ることと関連しています。今生での人生の目的をはじめ、過去や未来を含む魂の全情報が内包されています。第1チャクラから第7チャクラまでのすべての情報を含み、自己実現がなされます。ソウルスターは身体より上方にある高次の側面のため、バランスが崩れてしまうことはありません。

[活性化させるために] ニューイーオンチャクラセットのB67（マゼンタ／マゼンタ：P85）がおすすめです。ケアしたい身体のすべての部位や、全身に使うことができます。未使用のボトルB67を頭頂部もしくは、気になる身体の部位に20〜30分置いておくのもよいでしょう。マゼンタのポマンダーもおすすめです。

その他の色と対応する身体の部位

〈コーラル＝愛の知恵〉

　第1チャクラと第2チャクラの間にあり、共鳴する色はコーラルです。第1チャクラと第2チャクラのテーマを両方含み、愛の知恵と関連しています。バランスを取り戻すためには、ニューイーオンチャクラセットのB87（ペールコーラル／ペールコーラル：P105）がおすすめです。下腹部から腰周りに帯状につけたり、右半身（右の耳たぶの下から、右足の裏まで）につけます。下腹部に未使用のボトルを20〜30分置いておくのもよいでしょう。コーラルのポマンダーもおすすめです。

〈ゴールド＝自己価値〉

　第2チャクラと第3チャクラの間、インカーネーショナルスター（受肉の星）の部分で、共鳴する色はゴールドです。第2チャクラと第3チャクラのテーマを含み、自己価値、内なる知恵と関連しています。真のオーラを活性化し、バランスを取り戻すために、ニューイーオンチャクラセットのB41（ゴールド／ゴールド：P59）がおすすめです。みぞおちから腹部、背中側に帯状につけたり、腹部に未使用のボトルB41を20〜30分置いておくのもよいでしょう。ゴールドのポマンダーもおすすめです。

〈オリーブグリーン＝2つの橋渡し〉

　第3チャクラと第4チャクラの間にあり、両方の意味を含んで2つのチャクラの橋渡しをしています。共鳴する色はオリーブグリーンです。バランスを取り戻すために、ニューイーオンチャクラセットのB91（オリーブグリーン／オリーブグリーン：P109）がおすすめです。みぞおちから胸部、背中側に帯状につけたり、胸部やみぞおちに未使用のボトルB91を20〜30分置いておくのもよいでしょう。オリーブグリーンのポマンダーもおすすめです。

〈ターコイズ＝すべてを知る内なる教師〉

　第4チャクラと第5チャクラの間にあり、共鳴する色はターコイズです。胸と首の間の右に位置し、「アナンダカンダセンター」とも呼ばれ、すべての答えを知るところです。個性をクリエイティブに発揮することと関連し、ハートから感情を豊かに表現し、創造的な表現でより多くの人とつながることをつかさどります。

　バランスを取り戻すために、ニューイーオンチャクラセットのB43（ターコイズ／ターコイズ：P61）がおすすめです。首から肩、胸周りに、背中側まで帯状に使用します。未使用のボトルB43を20〜30分ハートから肩のあたりに置いておくのもよいでしょう。ターコイズのポマンダーもおすすめです。

ポマンダーの使い方

オーラをきれいに浄化し保護するために、オーラソーマプロダクツのひとつ、ポマンダーを使うとよいでしょう。ポマンダーは身体から数センチの電磁場に作用し、2〜3時間その色のエネルギーをキープします。自分が選んだ4本のボトルの1本目の下層の色（魂の本質と共鳴する色）と対応するポマンダーがおすすめです。また、状況によって、バランスをとりたい色のポマンダーを使うことができます。

① ポマンダーを左手のひらに3滴たらし、ハートの前で両手をこすり合わせます。頭上に両手を広げ、左手からその色の光が出ていくのをイメージし、光が地球を一周するのをイメージしてから右手に受け取ります。
② 両手を頭の少し上まで下ろし、シャワーのようにその光をひろげます。身体の表面に近いところで、やさしく両手でなでていきます。首の後ろ、こめかみをきれいにしたら、両手を頭の上でひとつに合わせます。
③ ゆっくり両手を下ろして、喉のまわりをきれいにします。胸の前で両手を重ね、くつろぎます。
④ さらにみぞおち、下腹部へと降りて、膝をまげないよう頭部を地面につけて、地球とつながっていくのを感じます。
⑤ 両手を上向きにして、オーラをすくい上げるようにゆっくり立ち上がり、両手を顔の前にもっていき、3回深く香りとともに息を吸い込み、内側に色のエネルギーを取り入れます。

イクイリブリアムボトルセット

目的別にグループ分けされた、イクイリブリアムボトルのセットをご紹介します。

イクイリブリアムボトルセットとは

　イクイリブリアムボトルの中で、特定の目的に対応するものがグループ分けされています。各チャクラに対応したセットや、子どもに使えるセット、また、緊急時にサポートしてくれるセットや、地に足をつけ目覚めをサポートするセットなどがあります。あなたが必要とするボトルを、グループの中から選ぶことができます。

チャクラセット

7つのチャクラ(P128)に対応して、各チャクラのバランスをサポートし、活性化するためのセットです。ヴィッキーが7つのチャクラに対応すると考えたボトルで、特定のチャクラのバランスをとりたい場合におすすめします。家族やほかの人と共有して使うことができます。各チャクラと対応する部位に帯状に使用してください。B5は、エネルギーを与え活動的にしますので、朝の使用をおすすめします。そのほかのボトルはいつ使用してもかまいません。

B5 (P23)	B26 (P44)	B4 (P22)	B3 (P21)	B2 (P20)	B1 (P19)	B20 (P38)
サンライズ／サンセット (第1チャクラ)	エーテルレスキュー (第2チャクラ)	サンライトボトル (第3チャクラ)	ハートボトル (第4チャクラ)	ピースボトル (第5チャクラ)	フィジカルレスキュー (第6チャクラ)	チャイルドレスキュー (第7チャクラ)
エネルギーを活性化したいとき。	自信を持ち自立したいとき。	自分を知り、自己価値をみつけたいとき。	スペースを持ち、くつろぎたいとき。	平和と信頼を持ちたいとき。	はっきり見て聞いて感じ取りたいとき。	女性性と男性性を統合したいとき。

拡張チャクラセット

チャクラセットの拡張版です。チャクラセットと同様、対応するチャクラのバランスをサポートし、活性化をもたらします。チャクラと対応する部位(P128)に帯状に使用してください。B6はエネルギーを与え活性化しますので、朝の使用をおすすめします。そのほかのボトルはいつ使用してもかまいません。

B6 (P24)	B42 (P60)	B10 (P28)	B16 (P34)
エナジーボトル (第1チャクラ)	収穫 (第3チャクラ)	行って、木を抱きなさい (第4チャクラ)	菫色の衣 (第7チャクラ)

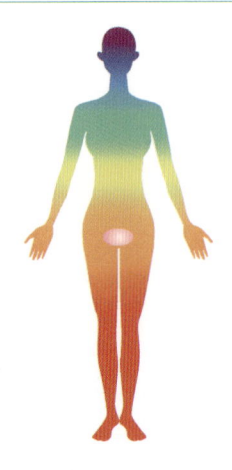

ニューイーオンチャクラセット

ニューイーオン(新時代)のチャクラセットです。それぞれの色と対応するテーマのバランスをサポートし、活性化をもたらします。色と対応する部位に帯状に使用してください。

B87 (P105)	B41 (P59)	B91 (P109)	B43 (P61)	B96 (P114)	B67 (P85)
愛の叡智	叡智のボトル	フェミニンリーダーシップ	創造性	大天使ラファエル	神聖なる愛、小さきことの中の愛

レスキューセット

緊急時にサポートしてくれるボトルです。家族やほかの人と共有して使用することができます。下層がディープマゼンタのボトルは鎮静させながらエネルギーを与え、上層の色のテーマをレスキューします。B89はエネルギーを与え活性化しますので、朝の使用をおすすめします。

B0 (P18) スピリチュアルレスキュー
直観を日常に生かすことを助けます。

B1 (P19) フィジカルレスキュー
あらゆる緊急事態を助けます。

B3 (P21) ハートボトル
ハートや感情をサポートします。

B4 (P22) サンライトボトル
知識を吸収することを助けます。

B11 (P29) エッセネボトルⅠ
愛と自己受容をサポートします。

B20 (P38) チャイルドレスキュー
子どもの緊急時を助けます。

B26 (P44) エーテルレスキュー
ショックや傷を吸収します。

B78 (P96) クラウンレスキュー
変容と変容後の定着を助けます。

B87 (P105) 愛の叡智
愛の知恵をサポートします。

B89 (P107) エナジーレスキュー
エネルギーを供給します。

B90 (P108) ウイズダムレスキュー
恐れと混乱に知恵をもたらします。

B100 (P118) 大天使メタトロン
影に光をあてて見ることを助けます。

B102 (P120) 大天使サミエル
深い闇の状態を助けます。

B103 (P121) 大天使ハニエル
平和を助け、天とつなぎます。

ニューイーオンチャイルドセット

子ども時代の出来事が原因で、大人になってから現れた問題をサポートするとともに、新しい時代を担う子どもたちに使うことができます。B11〜B15の上層のクリアは子どもの純粋さを表し、強く下層(無意識)の色とつながることを求めていることを表します。

B11 (P29) エッセネボトルⅠ
生まれたての赤ちゃんや、子どもを望む女性の準備に。

B12 (P30) 新しい時代の平和
話すことが困難な子どもや平和が必要な子どもに。

B13 (P31) 新しい時代の変化
はいはいや歩き始める頃の子どもに、成長をサポート。

B14 (P32) 新しい時代の叡智
学校に通う時期に。恐れをなだめ学びをサポート。

B15 (P33) 新しい時代の奉仕
思春期に変容をサポート。意識的な出産を助けます。

B20 (P38) チャイルドレスキュー
子どもの緊急時をサポートします。

ニューイーオンチャイルド拡張セット

子ども時代が原因で、大人になってから現れた問題をサポートするとともに、思春期以降の子どもに使用することができます。B55はエネルギーを与え、活性化しますので、朝の使用をおすすめします。

B55 (P73) キリスト
B77 (P95) カップ
B86 (P104) オベロン
B100 (P118) 大天使メタトロン

マスターセット

高次元から人間をサポートする存在をマスターと呼び、B50〜B64には、マスターの名前がついています。下記のマスターセットは、ボトルが持つテーマと、対応する色の高い側面、内なるマスターとの共鳴をサポートします。B55はエネルギーを与え、目覚めさせますので、朝の使用をおすすめします。

B50 (P68) エルモリヤ
B51 (P69) クツミ
B52 (P70) レディナダ
B53 (P71) ヒラリオン
B54 (P72) セラピスベイ
B55 (P73) キリスト
B56 (P74) サンジェルマン
B57 (P75) パラスアテナ&アイオロス

B58 (P76) オリオン&アンジェリカ
B59 (P77) レディポルシャ
B60 (P78) 老子と観音
B61 (P79) サナトクマラ&レディヴィーナスクマラ
B62 (P80) マハコハン
B63 (P81) ジュワルクール&ヒラリオン
B64 (P82) ジュワルクール

大天使セット

1995年にB94が誕生して以来、現在も大天使セットが誕生しています。大きな時代の変わり目に、大天使は地球のサポートと人類の神聖な目覚めのため働きかけています。下記の大天使セットは、ボトルが持つテーマと、私たちの中にあるより高い神聖な側面、内側の天使の資質との共鳴をもたらします。

B94 (P112)	B95 (P113)	B96 (P114)	B97 (P115)	B98 (P116)	B99 (P117)	B100 (P118)
大天使ミカエル	大天使ガブリエル	大天使ラファエル	大天使ウリエル	大天使サンダルフォン	大天使ザキエル	大天使メタトロン

B101 (P119)	B102 (P120)	B103 (P121)	B104 (P122)	B105 (P124)	B106 (P124)
大天使ヨフィエル	大天使サミエル	大天使ハニエル	大天使カマエル	大天使アズラエル	大天使ラツィエル

タントリックイルミネーションセット

第1チャクラに眠る、女性性と男性性の基本のエネルギーの目覚めをもたらします。地に足をつけ2つの基本のエネルギーが目覚めて上昇することで、内なる女性性（直観、受容、愛）と男性性（理論、思考、表現）が、自己の内側で統合し、すべてのチャクラが活性化され、天と地の統合がなされていきます。レッドを含むボトル（B6、B55、B80、B80、B84、B89）はエネルギーを与え活性化しますので、朝の使用をおすすめします。

B6 (P24)	B11 (P29)	B23 (P41)	B52 (P70)	B55 (P73)	B67 (P85)	B69 (P87)	B71 (P89)
エナジーボトル	エッセネボトルI	愛と光	レディナダ	キリスト	神聖なる愛、小さきことの中の愛	鳴り響く鐘	エッセネボトルII

B77 (P95)	B80 (P98)	B81 (P99)	B84 (P102)	B89 (P107)	B100 (P118)	B104 (P122)
カップ	アルテミス	無条件の愛	風の中のキャンドル	エナジーレスキュー	大天使メタトロン	大天使カマエル

イクイリブリアムボトルの選び方いろいろ〈星座で選ぶ〉

あなたの生まれ星座から、対応するイクイリブリアムボトルを選んでみましょう。

牡羊座（3/21〜4/19生まれ）
［対応する色］レッド
［星座ボトル］B40、B4、B82

12星座の最初の星座で、純粋で早さと勢いがあります。正義感が強く、勇気を持って新しいことを始める力があります。自分の目的意識を持ち続けると、リーダーシップを発揮でき、パワフルに輝きます。

B40　B4　B82

牡牛座（4/20〜5/20生まれ）
［対応する色］コーラル
［星座ボトル］B6、B3、B81

内側に秘めた意志、ねばり強さと安定感があり、マイペースに信じた道を進みます。豊かな感性を持ち、美的感覚に優れています。形あるものにエネルギーを注ぎますが、執着を手放すほど豊かになります。

B6　B3　B81

双子座（5/21〜6/21生まれ）
［対応する色］オレンジ
［星座ボトル］B20、B6、B84

思考力と好奇心、知的探究心があり、機知に富んでいます。多種多彩な才能を持ち、コミュニケーション能力が高く、陽気で社交的。直感と理性、感受性と思考など、2つの側面を統合していきます。

B20　B6　B84

蟹座（6/22〜7/22生まれ）
［対応する色］ゴールド
［星座ボトル］B13、B7、B85

豊かな感受性と情緒を持っています。愛情深く、家族や周囲の人と共感し合うことができます。守られた中で安心して行動しますが、広い視野を持つと、自分の殻を壊して外に出る力が発揮されます。

B13　B7　B85

獅子座（7/23〜8/22生まれ）
［対応する色］イエロー
［星座ボトル］B5、B11、B89

イメージやビジョンなどを現実に創り出す力があります。華やかな表現力を持ち、個性を発揮して、ほかの人の個性も受け入れることができます。自分が前に出ることを恐れず、人生を楽しみます。

B5　B11　B89

乙女座（8/23〜9/22生まれ）
［対応する色］オリーブグリーン
［星座ボトル］B11、B9、B87

細やかに気を配り、物事を感じ取ります。丁寧に仕事をこなして周囲へ奉仕します。詳細な分析力と勤勉さ、自己管理能力があります。完璧になりすぎずに柔軟性を持つと良さが発揮されます。

B11　B9　B87

星座と対応するボトルを選んでみましょう

イクイリブリアムボトルは占星術とも関連しています。生まれ星座(太陽の星座)はあなたがもっとも輝ける人生のテーマ、人生の目標と方向性、魂の成長のあり方を示しています。あなたの星座ボトルのうち、いずれかを使用したり、星座と対応する色のポマンダーを使うことで、星座が持つテーマをサポートしてくれるでしょう。

天秤座（9/23〜10/23生まれ）
[対応する色] グリーン
[星座ボトル] B59、B20、B98

多くの人との関係から学んでバランス感覚を持ち、調和を大切にします。さまざまな角度から見て、公正な判断と正しい選択を導きます。美的感覚と芸術的な感性を持ち合わせます。

B59　B20　B98

山羊座（12/22〜1/19生まれ）
[対応する色] ロイヤルブルー
[星座ボトル] B19、B15、B93

地に足をつけてスピリチュアルなことを実践します。社会の波長に合わせ、社会に奉仕するための現実性があります。堅実な努力と忍耐力を持ち、時間をかけて、大きなテーマを大成させます。

B19　B15　B93

蠍座（10/24〜11/22生まれ）
[対応する色] ターコイズ
[星座ボトル] B78、B13、B91

本質や隠されたものを見抜く深い洞察力があります。特定の人との一体感を感じたいと願い、情の強さがあります。通常は変化を嫌いますが、自分の陰の部分に直面した後、変容と再生がもたらされます。

B78　B13　B91

水瓶座（1/20〜2/18生まれ）
[対応する色] バイオレット
[星座ボトル] B43、B17、B95

社会や国を越えて、人類を愛するヒューマニズムがあり、理想を持って思考する芯の強さがあります。ユーモアを持ち、友人など横のつながりを大切にして、多くの人々へコミュニケーションしていきます。

B43　B17　B95

射手座（11/23〜12/21生まれ）
[対応する色] ブルー
[星座ボトル] B27、B14、B92

自分の真実を行動します。自由や変化を求め、自発性を持って外へと開いていきます。多くのことに興味を持ちスペースを広げます。海外など遠いところや見知らぬ世界へ飛び込んでいく勇気を持ちます。

B27　B14　B92

魚座（2/19〜3/20生まれ）
[対応する色] マゼンタ
[星座ボトル] B3、B18、B96

最後の星座です。人や国などあらゆる境界線を越え、受け止める柔軟性と感受性があり、奉仕の精神を持ちます。見えない世界に惹かれ、インスピレーションを受け取り、創造性豊かに表現します。

B3　B18　B96

※星座の境目の日にちは、その年ごとに異なります。

イクイリブリアムボトルの選び方いろいろ 〈数秘で選ぶ〉

オーラソーマシステムと関わりの深い数秘術をもとに、あなたのボトルを選んでみましょう。

色がエネルギーとメッセージを持つように、数にもエネルギーとメッセージがあります。イクイリブリアムボトルと番号が対応していることから、その数との深い関係性を持ちます。この数秘によって、誕生日から導き出される「バースボトル」、今年の年号から導き出す「イヤーボトル」を見つけましょう。

バースボトルとは

あなたの誕生日の数を合計した数を「誕生数」といいます。誕生数は、数秘によって導き出されたあなたの才能や資質、ギフトを表します。あなたの誕生数と同じボトルナンバーのボトルが、あなたの「バースボトル」です。

● バースボトルをみつけましょう

誕生数を計算します。方法は2通りあります。
[その1] 生年月日を1桁ずつ足す方法
①あなたの生年月日(西暦)の数を足していきます。
1970年2月11日生まれなら、
1+9+7+0+2+1+1=21
②さらに1桁になるまで足します。
2+1=3

この場合、21と3があなたの誕生数です。従ってあなたのバースボトルはB21とB3になります。人によっては3本になる場合もあります。

[その2] 西暦と月日をそれぞれ足す方法
①西暦の生年の最初の2桁を足します。
1970年2月11日生まれなら、1970年の最初の2桁1と9を足します。
1+9=10
②さらに1桁になるまで足します。
1+0=1

③②の数と残りの生年の数字2桁、月の数と日の数を足します(2桁の月なら2桁のまま計算)。
1+70+2+11=84

この場合、84があなたの誕生数で、バースボトルはB84になります。

● バースボトルを使ってみましょう

上記で導きだされたバースボトルのうち"使いたい"と感じるボトルを選んで使うのがおすすめです。バースボトルを使うことで、あなたの人生のテーマが明確になっていくことでしょう。

イヤーボトルとは

今年1年のあなたのテーマをサポートするボトルです。あなたの生まれた月と日、現在の西暦から計算します。

● イヤーボトルをみつけましょう

①あなたの生まれた月日と、現在の西暦年号を1桁ずつ足します。
現在が2008年で、あなたが2月11日生まれなら、
2+0+0+8+2+1+1=14
②さらに1桁になるまで足します。
1+4=5

この場合、2008年のあなたのテーマとなる数字は14と5になります。したがって、あなたのイヤーボトルはB14、B5になります。

● イヤーボトルを使いましょう

誕生日ごとに、1年のテーマを明確にしていきたい方におすすめです。1年1年意識を高めていきましょう。その年に入ってから、好きな時期に使ってみましょう。

イクイリブリアムボトルの使い方

選んだイクイリブリアムボトルを肌に塗って使うことで、あなたのテーマに働きかけます。

選んだ4本のイクイリブリアムボトルの使い方

あなたが選んだ4本のイクイリブリアムボトルは、すべて肌に塗って使うことができます。1本ずつ使い切りましょう。1本の容量は50mlで、1本使い切る頃にバランスがとれる量になっています。25mlのミニボトルの場合は、同じボトルを2本使います。

1本分使い切ったら、どのような変化があったのかを認識するために、1週間ほど空けて次のボトルを使うとよいでしょう。使っている間は、そのボトルのテーマに意識的でいましょう。

イクイリブリアムボトルを使う順番

選んだ4本のボトルのうち、2本目のボトルから使い始めることをおすすめします。チャレンジする心を勇気づけ、才能を引き出し、その時もっともふさわしいギフトが受け取れるよう、サポートしてくれるでしょう。

2本目を使い終わったら、3本目の現在の状態を示すボトルを使うとよいでしょう。

3本目を使い終わったら、4本目の未来のボトルを使用します。この頃には、4本目の未来は現在に引き寄せられているでしょう。

最後に、1本目のボトルを使って、4本選んだ時の自分のテーマを完結することができます。1本目はもっとも重要な人生のテーマで、最初にこのボトルを使うと、急激な変化が起こる場合もあるので、最後に使用することをおすすめします。

あるいは1本使い切ったら、改めてもう一度選び直して、その時の2本目のボトルを使用してもかまいません。2本目を使いたくない場合は、3本目から使ってもかまいません。

イクイリブリアムボトルの扱い方

ボトルは、左手でキャップの部分を持ちます（図1）。左手は"受け取る手"であり、ボトルのエネルギーを受容できます。

使用する時は、ボトルのキャップを開け、左中指でボトルの口をふさぎ、左親指はボトルの底を支え、人差し指と薬指はボトルの両肩に置きます（図2）。その状態で、上下によくシェイクします。上層と下層が混ざり合い乳化したら、手にとって両手で軽くマッサージして肌につけます。おすすめの使用部位は、各ボトルのページに記載されています。

キャップを開けてシェイクした瞬間から、あなただけのオリジナルボトルとなります。

イクイリブリアムボトルを使用する

1日に何度でも、好きな時に使用することができます。レッドを含むボトルは、エネルギーを与えるのでおへそから下に、朝、使用するとよいでしょう。そのほかのボトルはいつ使用してもかまいませんが、夜寝る前に使用すると、ハーブの香りでリラックスして、眠っている間にボトルのエネルギーが届けられます。

つける場所はボトルの色と対応した部位をおすすめしますが、直感でつけたいところへつけてかまいません。

図1　　　図2

オーラソーマシステムの理解を深める用語集

【あ〜】

新しい時代
占星術でいう、2000年ごとの大きな時代のサイクル。西暦2000年前後から水瓶座の時代に入りつつあります。水瓶座の時代は、ひとり一人が自立して、自分の人生を自分で選択し、自由に表現するとともに、自己の責任を持ちます。個性を世の中に役立てる時代です。

アファーメーション
肯定的で簡潔な言葉を、潜在意識に言い聞かせること。その言葉の持つポジティブな方向性に向かいます。

内なる〜
自分では日常、意識できない潜在意識の領域です。自分の心の奥にあって、普段、自分では認識していない部分。
・〜子ども…インナーチャイルド。無邪気で自由で創造的な子どもの側面。子ども時代に負った心の傷が解放されていない場合、当時の痛みをともなったまま存在します。潜在意識の中の子ども。
・〜教師…自分自身が抱く問いに対する、すべての答えを知る側面。内側からわき上がる答え。
・〜男性性…思考、分析、理論、表現、与える力。
・〜女性性…愛、感情、感受性、直観、受容する力。

【か〜】

カルマ
業。インドの古語で"行い"の意味。原因があれば結果がともなうという因果律とともに語られます。仏教用語での因果律は、人の生涯を越える、次の世に生まれ変わっても、つくった原因の結果がめぐって来ることをいいます。いいカルマも悪いカルマも、必ず本人に返って来ます。悪いカルマを負ったとき、それを解消するために人生の中で学びの機会が与えられます。

ギフト
より意識的になり、自分自身の才能を引き出すことによって受け取ることのできる贈り物。オーラソーマシステムでは、2本目に選んだボトルがタレント（才能）とギフトを表します。

高次元（高次）
波動が細やかで、より高い次元。天使や女神やマスターの次元。天界。人間は現在3次元にいますが、それよりも高い次元を示します。
・高次の意識…制限のある3次元に対して、制限を外して天界の原理、法則である真理に近づくことを導く、天界の存在の意識、意志。

【さ〜】

〈3次元、4次元〉
3次元
時間と空間の制限がある世界。3次元では「自分を知る」という学びがあったため、自分と他者との違いによる恐れや争いが起きてきました。
4次元
（自分を知るという3次元の学びを得て）制限から解放されて、ハートが広がり、他者との共感や愛にあふれた世界。今を楽しむことができます。たとえば、ある人のことを考えているとその人と偶然出会うなどのシンクロニシティが起きやすくなってきた場合は、4次元を生きはじめているということです。

神秘
天界や高次元の、隠されている秘密。高次元の摂理。

真のオーラ
おへその指2本分上、指2本分内側に、あなたの魂の色、真のオーラの輝きが隠されています。魂はその人の独自の光線に乗って転生してきます。真の人生の目的と使命を内包しています。

数秘（数秘術、カバラ）
古代の神秘学カバラの中での一学問、森羅万象のすべてに数の秘密が隠されているとされます。それぞれの数字に意味とエネルギーがあります。

スピリチュアリティ
霊性（より高い精神性）に目覚めていること。人生の目的、使命を知りそれを実践する生き方。

スペース
空間、環境。

【た〜】

天の意志
個人（エゴ）を超越した大きな意志。

〈天使界、人間界、自然界、精霊界〉
天使界
人間の世界より高次元の天使の世界。
・守護天使…天からの使者で、人が平和な心で生きていけるように守ってくれる天使。人が天界から地上に生まれてくるときから、亡くなるまでひとり一人をサポートしてくれる。
人間界
私たち人間が暮らす世界。

自然界
人間界を支える、鉱物界と植物界、動物界の自然な地球上の世界。
精霊界
人間を支える、大地と自然の精霊、フェアリー（妖精）。鉱物界と植物界の存在。

【は〜】

ブループリント
誕生前にひとり一人の魂が、今生で最善の学びができるようにと決めた、人生の目的、計画、青写真。大まかなガイドライン。

ハート
心。第4チャクラのあたり。感じる側面。感情を感じるところ、愛を感じて表現されるところ。

光
闇を照らしたり、生き物を養ったりする、太陽のエネルギー。その他、天界から降り注ぐエネルギー、人の心が生み出すエネルギー（愛の光、希望の光）なども光と表現することがあります。

変容
ネガティブな側面がポジティブな質へと変わって、高まっていくこと。

【ま〜】

マスター
人間を高次元からサポートする存在。マスターボトルの名前にもなっているキリスト、サンジェルマンなど。

あとがき

私がオーラソーマシステムと出会ったのは1998年で、グラフィックデザイナーの仕事をしていました。その頃、人生の岐路にある時でした。いきいきと輝くイクブリアムボトルを初めて見たとき、「光がボトルに詰まっている」と感じました。そしてボトルを1本使った頃、自分自身の意識と方向性が明確になりました。1本使うごとに自分自身と向き合うことで、頑固な思い込みがゆるみ、とらわれていた感情がとけはじめ、少しずつ楽に自由になっていき、今では周りの環境や仕事も大きく変わりました。辛い時、「助けて欲しい、教えて欲しい」と答えを外に求めてしまいがちですが、自分の中に答えがあり、本当に自分を救えるのは自分です。自分で選んだイクイリブリアムボトルやプロダクツを通して、意識的に自分自身を見ていくことで、バランスを取り戻し、自分の中にある答えを見いだすことができるでしょう。

本書に書かれている内容は、ガイドラインに過ぎません。本当の答えはあなたの中にあります。どうかご自分の心でその答えを引き出してください。もし心に響く言葉がありましたら、ぜひ受け取って、意識的に実践していただければと思います。そして、この本を読まれて、もっと自分を知りたいと感じられましたら、プラクティショナーやカラーケアコンサルタントから、実際にコンサルテーションを受けられることをおすすめします。本書の限られたスペースの中で、オーラソーマシステムが初めての方にも、わかりやすい言葉で書きだすということは、私にとって多くの学びとなりました。この本をつくるために、たくさんの方々に協力していただき、心をくだいていただきました。マイクブース氏、ASIACT UKの篠原さちえさん、通訳のコマラ（黒田理恵子さん）、毎日コミュニケーションズの山本雅之氏と吉田麻衣子さん、CR＆LF研究所の田崎恭子さん、藤本郁子さん、篠崎仁美さんほかスタッフの皆様、カメラマンの坂本道浩氏、デザイナーの高市美佳さんへ。感謝の気持ちでいっぱいです。ありがとうございました。

さくらおか　そのえ

アトリエ☆ルシェーレ
オーラソーマレベル1〜3とパーソナルプレゼンテーションスキルコース、オーラソーマコンサルテーションをはじめ、天使ワーク、エネルギーの浄化法、アートワークなどのオリジナルセミナーを開催。ほかにヒーリングやエネルギーワークなどの各種セッションを行なっている。所在地は東京都千代田区。http://atelierlucere.jp/

オーラソーマシステムは、深く知れば知るほど神秘的で魅力的です。ボトルに秘められた色とハーブとクリスタルのエネルギーが、私たちの心、さらにもっと繊細な感覚の領域にまで影響を及ぼし、ステキな変化を起こしてくれるのです。

　この本は、読者のみなさんがそれぞれ自分の内面にある宝物を見つけて、磨きをかける手助けができるようにとの想いでつくられました。答えをほかの人に求め続けるのはやめにして、あなたが選んだボトルと対話することで、あなたの魂の奥底から、大事なことを引き出して、今よりもっと輝いた自分で人生を楽しんでください。

　最後に、このステキな本を書き上げ、オーラソーマシステムの世界を紹介してくれた、さくらおかそのえ先生に感謝の言葉を贈りたいと思います。この本を通じて得たことは、当研究所にとってかけがえのない経験であり、財産となりました。

　そして、すべての人に、ありがとうございました。

CR＆LF研究所

参考引用文献
『オーラソーマヒーリング』イレーネ・デリコフ＆マイク・ブース著（VOICE）
『AURA-SOMA HAND BOOK』マイク・ブース＆野田幸子著（モデラート）
『新ネーミング オブ ザ ボトル』マイク・ブース著（モデラート）
『AURA-SOMA Course workbook Level1 , Level2』（ASIACT）

※P10のカラーローズ、およびP127、128、132のイラストは、
© Aura-Soma Products Limited.の許可を得て、同社の資料をもとに描き起こしたものです。

コンサルテーションを受けてみたい方へ

ASIACTはイギリスに本部を置く、オーラソーマ・カラーケアシステムのトレーニングと促進を目的とする教育機関です。
ASIACT JAPANホームページでは、日本全国のプラクティショナーおよびオーラソーマティーチャーのリストや、トレーニングコースやイベントの情報を掲載しています。

ASIACT Japan
http://www.asiact.ne.jp/

さくらおか そのえ　Sonoe Sakuraoka

札幌生まれ、東京在住。アトリエ☆ルシェーレ主宰。オーラソーマ社公認ティーチャー。オーラソーマレベル3まで教える資格を持つ。ほかにカラーパンクチャー・ディプロマ、レイキティーチャーなどの資格を持つ。20年間グラフィックデザイナーの仕事を通して色と関わる。趣味はヒーリングアートを描くことと写真を撮ること。著作に写真集『イスラムの色』(溝口園江/ART BOX)がある。　【ホームページ】http://atelierlucere.jp/

CR&LF研究所　Creative Room & Life Facilitation lab

有限会社リクパを母体としたクリエイティブワーク&コンテンツプロデュースグループ。業種間の垣根を超えて、さまざまなジャンルのスペシャリストと協力し合い、ビジネスとライフワークの統合をはかっています。
【活動内容】出版プロデュース/AD・SP、Web等のコンテンツ企画制作/女性のためのライフマネジメント研究/商品開発/イベント企画/コンサルティング/健康サイトの運営etc...
【ホームページ】http://crlf.rig-pa.com/

本当のあなたが輝く オーラソーマカラーケアBook
2008年6月20日 初版第1刷発行

編著者	さくらおか そのえ/CR&LF研究所
発行者	中川 信行
発行所	株式会社毎日コミュニケーションズ
	〒100-0003 東京都千代田区一ツ橋1-1-1 パレスサイドビル
	TEL：048-485-6815(注文専用ダイヤル)
	03-6267-4477(販売営業)
	03-6267-4431(編集)
	E-Mail：pc-books@mycom.co.jp
	URL：http://book.mycom.co.jp
ブックデザイン	高市 美佳
撮影	坂本 道浩 (Studio Recto)
企画・構成・執筆	さくらおか そのえ、藤本 郁子 (CR&LF研究所)
イラスト	初澤 久美
編集・DTP制作	田崎 恭子、篠崎 仁美、橋本 奈子 (有限会社リクパ)
編集	吉田 麻衣子 (毎日コミュニケーションズ)
印刷・製本	図書印刷株式会社

注意事項
・本書の一部または全部について個人で使用するほかは、著作権上(株)毎日コミュニケーションズおよび著作権者の承諾を得ずに無断で複写、複製することは禁じられております。
・本書についてご質問等がございましたら、上記メールアドレスにお問い合わせください。インターネット環境がない方は、往復はがきまたは返信切手、返信用封筒を同封の上、(株)毎日コミュニケーションズ出版事業本部編集第3部書籍編集2課までお送りください。
・乱丁・落丁についてのお問い合わせは、TEL：048-485-6815 (注文専用ダイヤル)、電子メール：sas@mycom.co.jp までお願いいたします。
・本書の記載は2008年6月現在の情報に基づいております。そのためお客様がご利用される時には、情報や価格などが変更されている場合もあります。

AURA-SOMA®はオーラソーマ社の登録商標です。

©2008 Sonoe Sakuraoka, ©2008 CR&LF Kenkyujo, ©Mainichi Communications, Inc.
Printed in Japan

ISBN978-4-8399-2647-2 C2076
定価はカバーに記載しております。